La Torche Perçante

Ou

Torche Numéro 5

Rév. Renaut Pierre-Louis

Pour toutes informations regardant nos ouvrages et vos brochures évangéliques, adressez-vous à:

Peniel Southside Baptist Church
P.O. Box 100323
Fort Lauderdale, Fl 33310
Phone: 954-242-8271
954-525-2413
Fax: 954-623-7511
Website: www.penielbaptist.org
Website: www.theburningtorch.net
E-mail: renaut@theburningtorch.net
E-mail: renaut_cyrille@hotmail.com

Copyright © 2015 by Renaut Pierre-Louis
Tous droits réservés @ Rév. Renaut Pierre-Louis

Attention : Il est illégal de reproduire ce livre en tout ou en partie sous quelque forme ou par quelque procédé que ce soit, électronique mécanique, photographique, sonore, magnétique ou autre, sans avoir obtenu, au préalable, l'autorisation écrite de l'auteur.

Les ouvrages dans les trois langues française, anglaise et créole, sont aussi disponibles chez :

Morija Book Store:
1387 Flatbush Ave   Brooklyn, N.Y. 11210

Phone: 718-282-9997

Michel Joseph:
192-21   118 Rd   St Albans, N.Y. 11412
Phone: 917-853-6481   718-949-0015

Rév. Julio Brutus:
P.O. Box. 7612   Winter Haven, FL 33883
Phone: 863-299-3314 ; 863-401-8449

Rev. Edouard Georcinvil
725 NE 179th Terr N. Miami Bch, FL 33162
Phone: 305-493-2125

Rév. Evans Jules:
Eglise Baptiste Bethel
5780 W. Atlantic Ave   Delray Beach Fl 33444
561-452-8273   561-266-5957

Iliana Dieujuste
2432 Indian Bluff Dr   Dracula, GA 30019
Phone: 954-773-6572

Tome 5 -Série 1

Les Types De Jésus-Christ

Avant-Propos
S'il nous faut remonter à la genèse de l'humanité, nous verrons que Dieu a programmé toutes choses sur la planète en vue du salut de l'homme. Il se révéla graduellement par des hommes, des animaux, des objets et même des institutions pour lui préparer le chemin. A travers la série Des Types de Jésus-Christ, vous allez découvrir son plan pour l'homme et ce qu'il attend de lui en rapport avec ce plan.

Rev. Renaut Pierrre-Louis

Leçon 1
Adam, Type De Jésus-Christ

Versets de base: Ge.1:2; 2:19; Ex.31:3-6; 2S.5 :24 ; 2Ch.6 :4 ; Job.36 :26 ; Ps.34 : 16 ; Es.59 :1 ; Jn.3 :16 ; 8 :46 ; 1Co. 151-58 ; Hé.4 :3 ; 1Jn3 :2

Versets à lire en classe: 1 Co. 15: 45-50

Versets à mémoriser: C'est pourquoi il est écrit: Le premier homme, Adam, devint une âme vivante. Le dernier Adam est devenu un esprit vivifiant. **1Co.15: 45 (1)**

But: Montrer que Christ, le dernier Adam, est supérieur au premier.

Méthodes: Comparaisons, questions, discussion

Introduction

Dieu créa l'homme à son image. Comment concevoir ce Dieu? Comment décrire l'homme?

I. **Adam, l'image de Dieu**
   1. Il est un être intelligent. Il pense et parle d'une façon rationnelle
   2. Dieu lui donne autorité sur toute la création. Exemple:
      Il donne des noms aux choses créées. Il invente.
      Ge. 2:19; Ex. 31:3, 4, 6
   3. Contrairement aux autres êtres vivants, il est plein de volonté et peut décider librement. Il peut aimer ou haïr.
      Ainsi l'homme est l'image dont Dieu est la réalité: si l'image existe, la réalité l'est aussi. Ce Dieu est omnipotent, omniscient, omniprésent.
      Ge. 1:1; Hé. 4:3; Je. 23:23

II. **Façons d'interpréter le langage de Dieu.**
Dieu parle à l'homme dans un langage anthropomorphique, c'est-à-dire qu'Il prend un langage d'homme pour se faire comprendre, pour se rendre accessible aux hommes. En voici des exemples bien pâles pour l'expliquer.
Exemples:
1. «La bouche de Dieu» c'est l'expression de son autorité, de sa justice. 2Ch.6: 4
2. « La main de Dieu » évoque l'idée de son secours, de son omnipotence. Es. 59: 1
3. « Les yeux de Dieu » tiennent pour sa vigilance, son omniprésence. Ps.34:16
4. «Les pas de Dieu» symbolisent les voies de Dieu, sa volonté. 2S.5:24
5. « Les oreilles de Dieu » tiennent pour sa sensibilité. Ps.34:16
6. Tandis que Dieu a une dimension infinie, l'homme est borné. De même qu'une photo ne peut tout exprimer d'une personne, nous ne pouvons tout comprendre de Dieu à partir de l'homme car Dieu est la réalité et il est mystère. Job 36:26

III. **Différences spirituelles.**
1. Dieu ne peut pécher, ni faire du mal. C'est par Adam que le péché est entré dans le monde avec ses conséquences. Ro.5 :12.
2. Adam a dégradé en lui l'image de Dieu. Jésus, le dernier Adam, est venu dans une chair pareille à la nôtre pour la réparer. 1Co.15:47
3. Adam vient de la terre, Jésus vient du ciel. Adam est l'auteur de notre perte tandis que

Jésus est l'auteur de notre salut. Ainsi Il met sa vie en nous afin d'établir le contact avec nous. Jn. 3: 16; 8: 46; 10 :17 ; 1 Co. 15:47

Conclusion : Ayons les regards sur Jésus. Contemplons comme dans un miroir sa gloire et soyons transformés de plus en plus à son image. Un jour nous serons complètement changés et nous deviendrons parfaitement semblables à lui. 1Jn.3:2

Questions
1. En quoi ressemblons-nous à Dieu?
   Dans ses qualités spirituelles et morales.
2. Donnez en 4 preuves.
   L'homme pense, invente, aime, décide.
3. Comment Dieu se fait-Il comprendre à l'homme?
   Il emploie un langage d'homme.
4. Que veut dire: la main, la bouche, les oreilles de Dieu?
   Son omnipotence, son autorité, son omniprésence
5. Comparez Adam à Jésus.
   Jésus est spirituel et bon. Il est notre Sauveur. Il vient du ciel. Adam est de la terre. Il est charnel et est l'auteur de notre perdition.

Discussion: Puisque Dieu connait tout, fait tout et peut tout, pourquoi n'avait-il pas prévenu la chute d'Adam?

Suggestion de réponse : Que faites-vous du libre-arbitre?

Leçon 2
Abel, Type De Jésus-Christ

Versets de base: Ge. 4 :1-6; Es. Chap.53; Jn.14: 30; 19: 7; 16: 33; Ph.2:1-11; Hé. 11:4; Ap.20:10, 14
Versets à lire en classe: Ge. 4: 8-15
Versets à mémoriser: Et Dieu dit: Qu'as-tu fait? La voix du sang de ton frère crie de la terre jusqu'à moi. **Ge. 4: 10**
But: Présenter Jésus-Christ dans son caractère sacrificiel.
Méthodes: Histoire, comparaisons, pose des questions.

Introduction
Dans la leçon précédente, nous avons vu comment Jésus, le dernier Adam, a réparé la faute du premier en nous donnant accès au Père et à ses grâces. Voyons aujourd'hui Abel, un autre type de Christ à la faveur de qui nous allons expliquer comment cet accès nous a été donné.

I. **L'obéissance d'Abel**
   1. Il offrit à Dieu un sacrifice sanglant, symbole du Messie souffrant. Ge. 4:4 ; 1Pi.1:18
      Remarquez L'attitude de son frère Caïn:
      a. Il adorait selon sa propre volonté. Ge. 4: 3
      b. Il fut en colère contre Dieu. Ge. 4: 5
      c. Il refusa d'offrir un sacrifice pour son péché.
      d. Il tua son frère. 4: 8
      e. Il mentit à Dieu. 4: 9 (Je ne sais où est Abel)

Conséquences:
1. Il devint vagabond. 4: 12
2. Et enfin, il prit son indépendance de Dieu. 4: 16 . Souvent, le chrétien charnel dénigre Dieu et ses serviteurs. Il a du mal à servir Dieu et à contribuer.

II. **Le sort d'Abel et de Jésus:**
Quoiqu'innocent, il fut tué par son frère Caïn. Ge.4: 8. Jésus, innocent, fut tué par les juifs, ses propres frères. Jn. 19: 7
Abel accepta la mort sans se plaindre. Jésus accepta la mort à notre place sans gémir, sans se défendre ; on dirait une brebis devant les tondeurs. Es. 53: 7

III. **Résultats de leur obéissance.**
Ge.4:4; Mt.17:5; Hé.11:4
1. Dieu fit éloge d'Abel pour son sacrifice. Ge. 4: 4.
2. Dieu fit éloge de Jésus au moment de l'introduire aux juifs comme Son Fils bien-aimé. Mt.17: 5
3. La Bible parle d'Abel comme d'un homme réputé pour sa justice et sa foi. Hé.11:4
Quant à Jésus, Il fut souverainement élevé et reçut le titre de Champion des champions. Ph. 2:8-9. Champion sur le diable, le monde, la chair et la mort. Jn.14:30; 16:33; Ap. 20:10, 14.

Conclusion

Comme Abel, acceptons la mort de nous-mêmes afin de vivre en Christ et d'en connaitre les mêmes privilèges.

Questions

1. Pourquoi Dieu avait-il accepté le sacrifice d'Abel?
   Parce que c'était un sacrifice sanglant pour ses péchés.
2. Que représente ce sacrifice? Le Messie souffrant.
3. Pourquoi Dieu n'avait-il pas accepté celui de Caïn?
   Son sacrifice non sanglant était charnel.
4. En quoi Abel ressemble-t-il à Jésus-Christ?
   Dans son obéissance jusqu' à la mort.
5. Choisissez un de ces noms pour votre enfant et dites pourquoi.
   Caïn _____
   Abel
   _____

Leçon 3
Isaac, un type de Jésus-Christ

Versets de base: Ge.15:1-5; 21:1-8; Chap.22; Es.9 :5 ; 53 :7 ; Jn.1 :29 ; 3 ; 16 ; 8 :29 ; 19 :17 ; Ro.5 :8 ; 8 :32 ; Phil.2 :9-11 ; Hé 11:8-20
Versets à lire en classe: Ge.22:1-12
Versets à mémoriser: Le lendemain, il vit Jésus venant à lui, et il dit: Voici l'Agneau de Dieu, qui ôte le péché du monde. **Jn.1:29**
But : Présenter Isaac comme un type de l'agneau immolé.
Méthodes: Histoire, comparaisons, questions, vidéo.

Introduction
Avec Isaac, nous avons un exemple de plus pour typifier Jésus-Christ.

I. **Isaac par rapport à son père Abraham.**
   1. Comme Jésus, il était promis. Ge.15:4; Es.9:5
   2. Comme Jésus, il était le fils bien-aimé. Ge.22:2; Mt.3:17
   3. Comme Jésus, son père le chargea du bois pour le sacrifice. Ge.22:6; Ro.8:32
   4. Comme Jésus, son père n'avait pas hésité à le sacrifier. Ge. 22:10; Jn.3:16

II. **Isaac par rapport à lui-même.**
   1. Il gravit le Mont Morija, comme Jésus le Mont Golgotha. Ge.22:2; Mt.27:33
   2. Comme Jésus, il accepta volontairement de porter le bois du sacrifice. Ge.22:6; Jn.19:17

3. Comme Jésus, il était jusqu'à bout avec son Père. Ge.22:8; Jn.8:29
4. Comme Jésus il obéissait sans gémir jusqu'à la mort. Ge.22:9-10; Es. 53:7

Abraham devait prouver sa fidélité envers Dieu en acceptant de lui sacrifier Isaac son premier-né comme les païens le faisaient envers les faux dieux.

Ainsi « Dieu prouve son amour envers nous en ce que lorsque nous étions encore des pécheurs, Christ est mort pour nous. » Ro.5:8

III. Isaac par rapport à nous.

L'historien Josèphe rapporte que d'après la tradition juive, Isaac devait avoir 25 ans. Il aurait pu choisir de désobéir et dans notre contexte du 21ème siècle où beaucoup d'enfants méprisent l'autorité paternelle, il aurait pu traduire son père en justice pour abus d'autorité (Child abuse) et tentative d'homicide. Au contraire, il s'est rendu obéissant jusqu'à la mort, comme le sera plus tard Jésus-Christ. Ph.2:9-11

Conclusion

L'obéissance est une marque de grandeur et le premier pas vers la gloire. Imitons Isaac et surtout Jésus Christ, le divin modèle.

Questions

1. Quel a été le lieu du sacrifice d'Isaac? Morija

2. Que vous rappelle Morija? Golgotha où Jésus fut crucifié.

3. En quoi Isaac ressemble-t-il à Jésus ?
   Enfant de la promesse et fils unique, il obéit à son père en portant lui-même le bois pour le sacrifice.

4. Qui donna un âge approximatif à Isaac? L'historien Josèphe

Discussion

Mon père est très impertinent: il me demande de faire la vaisselle. Que faire?
Un enfant docile accepte d'obéir à son père. De même, nous devons renoncer à nous-mêmes et nous offrir à Dieu comme un sacrifice vivant, saint et agréable.

Leçon 4
Joseph, un type de Jésus-Christ

Versets de base: Ge.37 :1-36; 39-50 ; Mt.27 :3 ; Lu.23 : 34 ; Jn.1 :1-11 ; 19 :23 ; 20 :19 ; Ro.11 :1-26 ; Ep.5 :23 ; Ap.7 :13-17
Versets à lire en classe : Ge. 37: 1-7.
Versets à mémoriser: Comme il parlait encore, une nuée lumineuse les couvrit. Et voici, une voix fit entendre de la nuée ces paroles: Celui-ci est mon Fils bien-aimé, en qui j'ai mis toute mon affection: écoutez-le! **Mt.17:5**
But: Présenter Joseph comme un type plus parfait de Jésus-Christ.
Méthodes: Comparaisons, pose des questions, discours, drame.

Introduction
Joseph est jusqu'ici le type le plus parfait de Jésus-Christ. Nous allons le voir en deux leçons.
I. **Dans sa Famille.**
    1. Choyé comme Christ parmi plusieurs . Ge. 37:3; Jn. 3:16
    2. Hai et rejeté par les siens. Ge. 37:5; Jn. 1:11
    3. Il fut vendu à prix d'argent par un frère nommé Juda. Ge. 37:28; Mt. 27:3.
    4. Sa tunique fut maculée de sang. Ge. 37:32; Jn. 19:23.
    5. Il fit sortir tout le monde avant de se dévoiler à ses frères. Ge. 45:4; Jn. 20:19.
    6. Il leur pardonna leur forfait et leur fit du bien. Ge. 50:20; Lu. 23:34.
    7. Il leur multiplia le pain. Ge. 42:25; Jn. 6:11.

8. Il épousa une femme d'une autre nationalité, signe du mariage de Christ à l'Eglise. Ge. 41: 45 ; Ep.5 :23
9. La réconciliation une fois établie, Joseph réhabilita ses frères. Il les présenta à Pharaon et les lui recommanda comme fermiers pour l'exploitation de Gosen, un endroit propre à l'élevage et à la culture. Christ nous présentera à Son Père et nous fera jouir des grâces infinies de Dieu. Ainsi en sera-t-il d'Israël pendant le règne de Christ.
Ro.11:1, 15, 25-26; Ap. 7:13-17.

Conclusion

Que Joseph soit pour vous un modèle à imiter!

Questions

1. Quel était le destin de Joseph?
   Le salut de ses frères
2. Qui l'a choyé?
   Son père.
3. Qui l'a haï?
   Ses frères.
4. Qui proposa sa vente pour de l'argent?
   Juda.
5. Qui discuta sur sa tunique?
   Ses frères.
6. Qui a-t-il épousé?
   Une égyptienne.
7. A quoi nous fait-il penser par ce mariage?
   L'alliance de Christ à l'Eglise.
8. Comment a-t-il exercé la vengeance sur ses frères?
   En leur pardonnant leur crime et en leur faisant du bien.

Discussion

Quelqu'un m'a fait un grand tort. Il m'est réellement difficile de lui pardonner. Que me conseillez-vous?

Leçon 5
Joseph, un type de Jésus-Christ (Suite)

Versets de base: Ge. 37:1-7; Ge. 39-50; Ex.12 :41 ; Jos.24 :12 ; Mt.4 :1-10 ; Lu.10 :38-42 ; 23 :22 ; 24 : 7 ; Jn.4 :15-18 ; 21 :15-17 ; Ac.4 ; 19-20 ; Phil.2 :11 ; Hé.4:15 ; 12 :1 ; Ap.1 :7

Versets à lire en classe: Ge. 41:38-44

Versets à mémoriser: Car nous n'avons pas un souverain sacrificateur qui ne puisse compatir à nos faiblesses; au contraire, il a été tenté comme nous en toutes choses, sans commettre de pécher. **Hé.4:15**

But: Montrer les résultats de la fidélité de Joseph et celle de Jésus.

Méthodes: Discours, histoire, pose des questions, drames.

Introduction

On ne finira de parler de Joseph en raison de la personne qu'il représente: Voyons la deuxième étape de sa vie.

I. **Joseph face à la Tentation**
   1. Tentation du pouvoir: Il avait droit sur tout chez le chef d'Etat-Major du roi. Pourtant, il n'a jamais abusé de sa position pour faire des excès. Jésus refusa d'obéir au diable qui lui demandait de faire des excès pour prouver qu'il est Fils de Dieu. Ge. 39:4-5. Mt. 4:1-10.

2. Tentation du plaisir: Joseph résista à la séduction de la femme de son maitre. Jésus fut auprès de beaucoup de femmes « sans commettre de péché ». Ge. 39:7-8 ;Jn. 4:15-18; 8:11; Lu. 10:38-42; He.4 :15
3. Tentation de la vengeance: Joseph pardonna à ses frères en guise de vengeance. Jésus changea Pierre, le traitre en l'apôtre le plus zélé des douze pour la défense de l'évangile. Ge. 50:15-21; Jn 21:15-17; Ac. 4:19-20.

II. **Joseph et son élévation**
Il passa plus de deux ans en prison parce qu'il ne voulait pas se défendre pour prouver son innocence. Ge. 39:20; 41: 39-43 Jésus fut condamné à mort au moment où il n'avait pas le droit de prouver son innocence. Il passera trois jours dans la tombe de l'oubli. Lu. 23:22; 24:7.
Joseph sortit de prison pour accéder au plus haut rang dans la cour égyptienne. Ge. 41:14, 41. Jésus fut condamné à une mort honteuse. Ressuscité après trois jours, Dieu l'a souverainement élevé et glorifié. Ph. 2:1-11.

III. **Sa fin**:
A sa mort, le corps de Joseph fut embaumé et momifié comme les grands pharaons de L'Egypte. Son cadavre resta intact pendant plus de 500 ans. Ge. 50:25; 430 ans en Egypte. Ex. 12:41; 40 ans avec Moïse et 30 ans avec Josué. Jos. 24:12.
Le corps de Jésus n'a pas vu la corruption. Et ce corps est maintenant au ciel. Il reviendra dans ce même corps chercher son Eglise et, à ce moment-là, tout œil le verra. Ap. 1:7.

Conclusion

Joseph restera dans l'histoire biblique un modèle à imiter. Il fait partie de la grande nuée de témoins qui nous regardent. Soyons fidèle, nous les types de Christ des derniers temps. Hé. 12:1

Questions

1. Citez 3 tentations de Joseph et de Jésus.
   Tentation du pouvoir, du plaisir et de la vengeance

2. Pourquoi Joseph fut-il condamné?
   Quoiqu'innocent, ll ne produisit aucun moyen de défense.

3. Quel en fut le résultat?
   Il devint souverain de l'Egypte.

4. Où est maintenant le corps de Jésus?
   Au ciel.

5. Combien de temps Israël porta-t-il le cadavre de Joseph avant de l'enterrer? 500 ans.

Leçon 6
Moïse, un type de Jésus-Christ

Versets de base: Ex. 2:3; 14:21-31; De. Chap.18; Os. 11:1; Mt. 2:13-18; 11:5, 28; Jn. 5.
Versets à lire en classe: Ex. 3:7-12
Versets à mémoriser: L'Éternel, ton Dieu, te suscitera du milieu de toi, d'entre tes frères, un prophète comme moi: vous l'écouterez! **De.18:15**
But: Présenter Moïse comme un type spécial de Jésus-Christ.
Méthodes: Comparaisons, discours, pose des questions.

Introduction
Nous avons tant à dire de Moïse dans sa comparaison avec Jésus-Christ qu'il est sage de nous limiter.

I. **Moïse, « Le » prophète comme Jésus.** De. 18:18-19.
   1. Dès leur naissance, les deux échappèrent à la persécution des leaders de leur temps. Ex. 2:1-10; Mt. 2:13-18.
   2. Les deux furent appelés quand ils furent hors d'Egypte. Ex. 4:22-23; Os 11:1; Mt. 2:15, 19-20.
   3. Ils passèrent 40 jours dans un désert. Ex. 34:28; Mt. 4:1-2.
   4. Ils venaient au nom du Père. Ex. 3:14-16; Jn. 5:43.
   5. Ils étaient humbles et doux. No. 12:3; Mt. 11:28-30
   6. Ils étaient puissants en paroles et en œuvres.

Ex. 14:21-31; Mt. 11:5 ; Jn.7 :46
7. Moïse alla à Sinaï et Jésus à Golgotha (le calvaire). Ex. 19:3; Lu. 23:33
8. Les deux étaient juges, législateurs et avocats du peuple. Ex. 18:13; Mal. 4:4; Jn. 5:22, 23; 13:34; 15:10
9. Moïse a libéré Israël de l'esclavage en Egypte, Christ nous a délivrés de l'esclavage du péché.

Cependant, Moïse avait échoué dans sa mission d'établir Israël à Canaan. Jésus n'a pas échoué: Il nous donne le ciel, le Canaan céleste. Ex. 20:12; Jn. 14:6

II. **Jésus a surpassé Moïse.**
1. Il ressuscite les morts. Lu. 7:11-15
2. Il pardonne les péchés. Mc. 2:5.
3. Il connait l'homme de fond en comble. Jn. 2:24
4. Il vit dans le chrétien. Jn. 14:20
5. Il nous donne le vrai repos qui n'est pas un jour mais lui-même. Mt. 11:28

Conclusion
Le temps de Moïse n'est plus, car la grâce et la vérité sont venues par Jésus-Christ. Le temps de l' Eglise est là. Travaillons tous avec le Maitre. Notre récompense est certaine!

Questions

1. Où était Moïse quand il reçut sa mission d'aller sauver le peuple?
   Hors d'Egypte, au Mont Horeb.

2. Où était-il quand il reçut la loi?
   Au Mont Sinaï.

3. Combien de jours passa-t-il au pied de L'Eternel?
   40 jours.

4. Quels rôles jouissait-il devant le peuple?
   Législateur, Médiateur, Juge, Prophète, Sauveur, Père Nourricier.

5. En quoi diffère-t-il de Jésus-Christ?
   Il n'a jamais guéri un malade ni ressuscité un mort. Il n'a jamais pardonné un péché. Il meurt. Son corps est dans la tombe attendant la résurrection. Le corps de Christ est au ciel en attendant son retour corporel, visible, tangible.

Leçon 7
Moïse, un type de Jésus-Christ (Suite)

Versets de base: Ex. 7:1; De.34 : 5-6 ; Jn. 1:17; 6:15; 32, 51 ; Mt. Chap.5 à chap.7:28; 17:1-5; Ro. 6:3-6.
Versets à lire en classe: Jn. 1:14-17
Versets à mémoriser: Car la loi a été donnée par Moïse, la grâce et la vérité sont venues par Jésus Christ. **Jn. 1:17**
But: Achever de comparer Moïse à Jésus-Christ.
Méthodes: Comparaisons, discours, pose des questions.

Introduction
Cette leçon sera moins copieuse que la précédente, mais elle nous permettra d'avoir une idée plus juste des caractères de Moïse et de Christ dans le contexte de leur ministère.

I. **Dieu:**
   L'Eternel a utilisé Moïse comme son instrument pour réduire Pharaon et délivrer Israël. Ex. 7:1. Dieu était en Christ pour réconcilier le monde avec lui-même. 2Co.5:19

II. **Législateur**:
   Moïse vient avec la Loi. Jésus vient avec la grâce et la vérité. Jn. 1:17. « Vous avez appris...Mais moi je vous dis ». Mt. 5:21, 22, 27, 28, 31, 32, 33,34.

III. **Relation avec Dieu:**
   Les deux étaient illuminés. Moïse entra dans la nuée pour dialoguer avec Dieu. Plusieurs fois

Jésus resta seul avec son Père. Ex. 24:18. 34:29; Mt.17:2; Jn. 6:15, Jn. 17.

IV. **Miracles:**
Moïse changea les eaux du Nil en sang. Ex. 7:20. Il faut noter que ce fleuve a 2600 kilomètres de parcours. Jésus changea l'eau en vin à Cana en Galilée. Jn. 2:9.

Notez bien que sur un parcours de vingt-et-un siècles et sur l'étendue du monde entier, par contre, sur un parcours plus vaste que le Nil, Jésus a changé nos peines en joie. Mt. 11:28.

Quant au nombre de ses miracles, l'apôtre Jean a conclu ainsi « Jésus a fait encore beaucoup d'autres choses ; si on les écrivait en détail, le monde même ne pourrait contenir les livres qu'on écrirait. Jn.21 :25

V. **La traversée de la Mer Rouge:**
Avec Moïse, Dieu mit fin à 430 ans d'esclavage des hébreux sous la main de fer de Pharaon. Ex. 12:40.

C'est le symbole:
1. De notre délivrance de l'esclavage du péché. Ro.6:3-6
2. Du baptême des croyants. Ro 6:3-6
3. De la résurrection. On est passé de la mort à la vie avec le Canaan céleste pour destination. Jn. 5:24.
    a. Il donna la manne au peuple. Jésus nous donne sa chair à manger. Ex.16:15; Jn. 6:32, 51
    b. Moïse était un privilégié de Dieu. Il fut enterré par Dieu Lui-même. De. 34:5-6.

Jésus mourut en homme, Il ressuscita en Dieu. Car Dieu ne peut pas mourir. Mt. 28:2,6

Conclusion

Moïse restera ce grand héros de la foi que Jésus seul a surpassé. Notre Christ restera donc le plus grand et le dernier modèle à imiter. Ecoutez-Le.

Questions

1. Comparez Moïse à Jésus.
   Les deux étaient Législateurs. Moïse représentait Dieu devant le peuple mais Jésus lui-même est Dieu.

2. Que vous rappelle le miracle de l'eau changée en vain?
   Les eaux du Nil changées en sang par Moïse.

3. Quelle est la longueur du Nil?
   2600 km

4. D'après la leçon, quel est le miracle universel que Christ a opéré pour nous pendant 21 siècles?
   Il change nos peines en joie.

5. Combien de temps Israël passa-t-il dans la servitude en Egypte? 430 ans.

6. Que symbolise la traversée de la Mer Rouge?
   Le baptême des croyants, notre délivrance du péché, notre résurrection.

Discussion

Puisque Moïse ressemble tant à Christ, ne peut-on observer la loi?

Suggestion de réponse:
Moïse est un type de Christ et non Christ. A la fin des temps, Dieu dit: Ecoutez Christ qui donne la grâce et non Moïse qui donne la loi. Mt. 17:1-5 ; Gal.3 :24-25
Sur la Montagne de Transfiguration nous en avons bien l'image:
Moïse est parti (point de lois) Elie est parti (point de prophètes)
Jésus seul est resté. Et c'est alors que Dieu dit: Celui-ci (c'est-à-dire l'objet le plus rapproché) est mon Fils bien-aimé en qui J'ai mis toute mon affection. Ecoutez-Le.

Leçon 8
Josué, un type de Jésus-Christ

Versets de base: Jos. 1-6; Jn. 1:7; Ro. 8:3-4; 37; 10:4-5; Ga. 3:23-25; Ep. 1:11

Versets à lire en classe: Jos. 1:1-6

Versets à mémoriser: Si donc le Fils vous affranchit, vous serez réellement libres. **Jn. 8:36**

But: Présenter le jeune Josué comme un type de Jésus-Christ.

Méthodes: Comparaisons, Discours, pose des questions.

Introduction

Chaque type de Jésus-Christ a un caractère particulier qui nous intéresse. Josué en est un pour plusieurs raisons:

I. **Sa mission de Libérateur**:
   1. Comme Jésus, son nom signifie Yahvé-Sauveur, Prince du Salut. Hé. 2:10
   2. Il a fait en trois jours ce que Moïse n'a pu faire en 40 ans. Jos. 1:11 Moïse a tourné en rond avec ce peuple pendant 40 ans dans un désert. Il n'en a pris que trois jours à Josué pour le faire. Trois jours après Sa résurrection, Christ a fait ce que la loi n'avait pu faire en 1500 ans: Il donne accès au Canaan céleste au travers du voile de sa chair à tout pécheur repentant. Hé. 10:20.
   3. Josué conduisit le peuple à la victoire par la conquête de Canaan. Exemple: ils s'emparèrent de Jéricho. Jos. 6:27; Ils prirent

la ville d'Aï. Jos. 8:26 et Josué lui-même marcha devant eux. Christ dit: J'ai tout pouvoir, Je vous commande d'aller évangéliser et enseigner les nations pour en faire des disciples et Je serai avec vous dans cette tache tous les jours. Mt. 28:19-20.
4. Josué jouit le rôle d'avocat quand il plaide pour le peuple dans l'affaire d'Acan. Christ est notre avocat auprès du Père. Jos. 7:5-9; 1 Jn. 2:1-2.

II. Sa foi extraordinaire
1. Les forces de la nature lui obéirent au premier ordre:
Jo.10 :12-13. Il arrêta le soleil. Jos. 10:13. Plus tard, Jésus arrêtera la tempête, la maladie, la mort. Marc 4:39; Lu.7:14-15
2. Avec des trompettes et les grands cris du peuple, Josué renversa les murailles de Jéricho. Jos. 6:20. Jésus cria d'une voix forte : Lazare, sors ! et la mort est vaincue Jn. 11:41-44.
3. Josué ouvrit le fleuve tumultueux du Jourdain pour livrer passage au peuple d'Israël. Jos. 3:17. Jésus marcha sur les eaux. Mt. 14:26. Mieux que cela, Il ouvrit le fleuve de la mort pour nous faire entrer dans le ciel à pied sec, sans tache, ni ride, ni rien de semblable, mais saint et sans reproche. Col.1 :20-22

III. Sa mission extraordinaire.
Josué devait mettre chaque tribu d'Israël en possession de son héritage au pays de Canaan. Jos.24:28

Jésus vient nous mettre en possession de l'héritage de la vie éternelle, dans le Canaan céleste. Jn.3:16; 2Co.5:1

Conclusion

Josué a accompli sa mission sans défaillance. Il nous a confié la mission de faire des disciples parmi les nations. Sommes-nous à l'œuvre ?

Questions

1. Combien de temps avait-il pris à Moïse pour conduire le peuple d'Israël vers la Terre Promise? 40 ans
. Avait-il réussi? Non

3. Combien de temps avait t-il fallu à Josué pour le faire? Trois jours

4. Que veut dire Josué? Yahvé-Sauveur

5. Citez deux victoires de Josué sur d'autres peuples? La prise de Jéricho et d'Ai

6. Combien de jours Christ avait-il passé dans la tombe? Trois jours

7. Quel en fut le résultat?
Il nous a ouvert la route vers le Canaan céleste

8. Justifiez la foi de Josué
Il arrêta le soleil, il fendit le Jourdain

Discussion:
Il est difficile de croire que Josué avait arrêté le soleil. Comment l'expliquer dans un langage plus ou moins scientifique ?

Commentaire:
Les versets 12 et 13 de Josué chapitre 10 sont exprimés, certes, dans un langage poétique. Le soleil d'ailleurs ne se lève ni ne se couche.
Cependant, dans le verset 14 la bible nous renseigne clairement que ce jour-là fut en réalité très différent.
1) L'expression «Josué arrêta le soleil» incline à l'hypothèse d'une éclipse du soleil.
2) Une autre explication de ce phénomène serait que la terre tourne plus lentement qu'à l'ordinaire donnant l'impression qu'elle cesse de tourner.
3) On peut l'expliquer encore en admettant que la terre tourne normalement, mais une sorte de réfraction des rayons de soleil permet à la lumière d'éclairer la terre pour un temps plus long ce jour-là, sans changer le nombre d'heures normal d'un jour.
Toutefois, c'est un miracle.

Leçon 9
Des Animaux, Types De Jésus-Christ

Versets de base: Ge.3:21; Lev. 12 :8; Es.53 : 3-5; Lu.2 :23-24 ; 2Cor.5 :21 ; Ph. 2:5-8
Versets à lire en classe: Ro.12:1-3
Versets à mémoriser : Mais si nous marchons dans la lumière, comme il est lui-même dans la lumière, nous sommes mutuellement en communion, et le sang de Jésus son Fils nous purifie de tout péché. **1Jn.1:7**
But: Présenter les sacrifices d'animaux comme des figures de Jésus-Christ.
Méthodes: Comparaisons, leçons de choses, discours, questions

Introduction
A travers le Pentateuque, nous trouvons des sacrifices d'animaux pour typifier Christ dans son œuvre de rédemption de l'humanité à travers Adam et Eve. « Dieu leur fit des habits de peau et il les en revêtit ». Un animal a donc été tué et sa peau a été enlevée, signe de Christ qui s'est fait justice pour nous. Ge.3:21

Les sacrifices d'animaux dans l'Ancien Testament:
1. On doit sacrifier à Dieu un animal sans défaut. Lev.1:3 Le taureau préfigure Christ qui supporte tout patiemment jusqu' à la mort. Es.53: 3- 5; Ph.2:5-8; Hé.12:2-4

2. Le bélier, l'agneau, c'est l'image de Christ se livrant de plein gré et sans résistance à la mort de la croix. Es.53:7; Jn.1:29; 35; Act.8: 32-33
3. Le bouc ou la chèvre représente d'abord le pécheur. Mt.25:33, 41-46 ; puis lorsqu'il est offert en sacrifice, il préfigure celui qui fut mis au nombre des malfaiteurs. Es. 53: 12; Luc. 23:33, le saint de Dieu fait péché et devenu malédiction pour nous. 2Co.5:21; Ga.3:13
4. La tourterelle et le pigeon symbolisent l'innocence et la pauvreté du Seigneur. Le. 12 :8 ; Lu. 2: 23-24
5. Dans tous les cas, le pécheur pose ses mains sur la tête de la victime pour s'identifier à elle.
Ce geste préfigure l'acte de foi du chrétien s'identifiant à Christ. Ro. 6:3-11
6. Les sacrifices d'expiation symbolisent les souffrances que Christ devait endurer à cause de notre désobéissance. Les sacrifices d'une agréable odeur à l'Eternel représentent Christ dans sa perfection et dans son obéissance à la volonté du Père.
7. Les sacrifices qui ne sont pas d'une agréable odeur à l'Eternel représentent Christ portant la condamnation que méritait le pécheur.

Conclusion

Aujourd'hui puisque Christ s'est offert lui-même en sacrifice, il n'y a donc plus d'offrande pour le péché. Nous devons nous offrir nous–mêmes comme des sacrifices vivants, saints et agréables à Dieu. Ro.12: 1

Questions

1. Comment Dieu a-t-il pu trouver un habit de peau pour couvrir Adam et Eve?
   En tuant un animal.

2. Que représente chaque sacrifice d'animaux dans l'Ancien Testament?
   Jésus-Christ dans son œuvre de rédemption

3. Pourquoi le pécheur devait-il poser sa main sur la tête de la victime?
   Pour s'identifier à elle

4. Quel sacrifice Dieu nous demande-t-il maintenant?
   Le sacrifice de nous-mêmes.

Leçon 10
Des objets, types de Jésus-Christ

Versets de base: Ge.6; 7:16; Ex.17:5-7; No. 21: 1-9 ; 1Co.10 :4 ; Ap.3 :8
Versets à lire en classe: Jn.3:14-16
Versets à mémoriser: Et comme Moïse éleva le serpent dans le désert, il faut de même que le Fils de l'homme soit élevé, afin que quiconque croit en lui ait la vie éternelle. **Jn.3:14**
But: Représenter Jésus Christ à l'aide de symboles.
Méthodes: Comparaisons, discours, leçons de choses, questions

Introduction:
Aujourd'hui nous allons demander aux élèves de retenir la signification de ces objets comme étant des types de Christ.

I. **L'Arche de Noé**. Ge. 6
   Elle représente le seul moyen de salut offert par Dieu en un temps donné. Ce salut ne dépend pas de notre tempérament ou de nos œuvres mais de notre foi. Vous êtes sauvé parce que vous êtes dans l'arche. Une fois à l'intérieur, vous avez la complète garantie car c'est Dieu lui-même et non pasteur Noé qui détient la clé de sécurité pour tous. C'est Dieu en effet qui ferma la porte de l'arche. Ge. 7:16; Jn. 10:9; Ap. 3:8.

II. **Le Rocher d'Horeb**. Ex. 17:5-7.
    De l'eau jaillit en abondance quand Moïse frappa le rocher. Christ fut frappé pour nous et comme

conséquence, nous avons la grâce de Dieu en abondance. Nous en jouissons comme Israël jouissait de l'eau du rocher librement sans en être digne. Es. 55:1; 1 Co. 10:4.

III. **Le Serpent d'airain.** No. 21:4-9

Dieu envoya des serpents venimeux pour mordre les enfants d'Israël parce qu'ils parlèrent contre l'Eternel et contre Moïse. A leur repentance, Dieu demanda à Moïse d'ériger un serpent en airain pour que les mourants conservent la vie s'ils acceptent de le regarder. Mordu à mort par le péché, le pécheur a droit à la vie éternelle grâce à un seul regard sur la croix du Calvaire. L'airain est le signe du jugement, le signe de notre condamnation tombée sur Christ. Jn. 3:16.

Conclusion

Si aujourd'hui, vous êtes hors de Christ, l'arche du salut, dépêchez-vous d'y entrer. Etant une victime du péché, Satan est votre maitre. Tournez les regards vers Christ et vous serez sauvé. Venez et buvez gratuitement à l'eau de sa grâce.

Questions

1. Que représente l'arche de Noé?   Christ

2. Qui en ferma la porte quand elle fut remplie? Dieu

3. Que représente Noé? Un prédicateur simple et fidèle.

4. Que symbolise le rocher d'Horeb?
   Christ frappé pour nous

5. Que veut dire l'eau du rocher?
   La grâce de Dieu en abondance pour le salut du pécheur.

6. Que veut dire le serpent d'airain?
   La méthode de Dieu pour sauver l'homme du péché.

7. Que veut dire airain dans la Bible?
Le jugement de Dieu que Christ supporte à cause de nous.

Leçon 11
Des objets types de Jésus Christ (suite)

Versets de base: Ex. 15:23-25; 25:33; Le 2:1-11; No.16:35; Mt.27:27-31; Jn. 14:6, 30.
Versets à lire en classe: Le. 2:1-11
Versets à mémoriser: Je vous exhorte donc, frères, par les compassions de Dieu, à offrir vos corps comme un sacrifice vivant, saint, agréable à Dieu, ce qui sera de votre part un culte raisonnable. **Ro.12:1**
But: Présenter des objets comme types de Jésus-Christ.
Méthodes: Comparaisons, discours de choses, questions.

Introduction:
Nous n'allons pas voir tous les objets. Contentons-nous brièvement de ceux-ci:

I. **La manne**: C'est une figure de Christ dont la chair fut meurtrie pour nous. No. 16:35; Jn. 6:58
II. **Le chandelier**: C'est Christ la lumière du monde. Ex. 25:31; Jn.8:12
III. **Le bois dans les eaux de Mara** est la figure de la croix de Christ pour nous délivrer de toutes mauvaises expériences. Ex. 15:23-25; Ro.1:16
IV. **La porte de la bergerie orientale**: Elle n'en a qu'une.
   Le Berger pourra ainsi:
   1. Contrôler l'entrée de la bergerie contre les loups ravisseurs. Jn.10:9

    2. Contrôler l'entrée et la sortie des moutons. Jn.10:7
    3. Etre sûr d'avoir lui-même ouvert et fermé la porte. Jn.10:7 Jésus dit: Je suis la porte. Si quelqu'un entre par moi, il sera sauvé Jn.10:9

V. **L'offrande de fleur de farine** Le. 2:1-11
Caractéristiques:
    1. La fine fleur de farine symbolise le caractère parfait de Christ.
    2. Le feu rappelle ses souffrances acceptées jusqu'à la mort.
L'encens évoque le parfum de sa vie répandue devant Dieu.
    3. L'absence de levain veut dire que le mal ne peut habiter en lui. Jn.14: 6,30
    4. L'offrande arrosée d'huile préfigure Christ oint par le Saint Esprit. Jn.1:32; 6:27

VI. **Le four symbolise ses souffrances invisibles et la poêle**, ses affronts publics. Mt. 27:27-31.

VII. **Le sel** symbolise la saveur de la vérité divine capable de neutraliser l'action corruptrice du mal. Le.2 :13

VIII. **L'absence de miel**: l'homme naturel ne peut se vanter de sa douceur tant qu'il vit en dehors de la grâce de Dieu. Le.2 :11

Conclusion
On n'en finira pas. Dites plutôt: Seigneur, fais de moi un type de Christ et que toute ma vie je sois semblable à son image. Ro.8 :29

Questions

1. Que veut dire:
   La manne_____
   Le chandelier_____
   Le bois _____

2. Que veut dire: l'encens_____
   Le sel _____
   Le levain _____
   Le four _____
   La poêle _____
   Le feu _____
   La fine _____
   La fleur de farine_____

3. Quelle est d'après vous la meilleure offrande à Dieu?
   Notre vie et nos biens

Leçon 12
Le sabbat, un type de Jésus-Christ

Versets de base: Ge.2:1-3; Ex.16:23; 20:8-11; 31:13-17; De.5:15; Ne.9:13-14; Ps.121; Mt.24:20-21; Mc.2:27; Jn.5:17; Col.2:13-17

Versets à lire en classe: Col.2:13-17

Versets à mémoriser: Que personne donc ne vous juge au sujet du manger ou du boire, ou au sujet d'une fête, d'une nouvelle lune, ou des sabbats: c'était l'ombre des choses à venir, mais le corps est en Christ. **Col. 2:16-17**

Méthodes: Discours, comparaisons, questions.

But: Présenter le Sabbat comme un type de Christ, le vrai repos.

Introduction
Avec «Le Sabbat, un type de Jésus-Christ» nous atteignons la dernière leçon pour la série.
Voyons dans un condensé ce que le Sabbat représente.

I. **Sabbat- Définition.**
Le mot Sabbat vient de l'Hébreu: Schabbath, et du grec: sabbaton: il signifie repos, cessation, arrêt de travail. Ainsi le terme: «Dieu se reposa» veut dire qu'il cessa de faire de rien. Ge.2:2-3; Ps. 121:4; Jn.5:17

II. **Ses applications avec le temps.**
 1. Dans les quatre premières dispensations (L'Innocence, La Conscience, Le Gouvernement humain, La Promesse)

étendues sur plus de 2500 ans, le Sabbat n'était pas observé. Il fut seulement révélé à la cinquième dispensation, celle de la Loi, au Mont Sinaï et fut inclus dans le Décalogue. Ex.20: 8-11; Ne. 9:13-14
2. C'était le signe d'une alliance entre Dieu et Israël et dont la violation était punie de mort. Ex.31: 13-14; No. 15:32-26; De 5:15

II. Jésus violait le Sabbat. Pourquoi?

1. Parce que le sabbat est un type, Christ est la réalité. Jésus est maitre du Sabbat. Mt. 12: 8; Col.2:16-17
2. Christ met l'homme au-dessus de la religion et de toute institution. Mc.2:27
3. Sa mission est prioritaire: Sauver les âmes tous les jours y compris le jour du sabbat. Mt.28:20
4. Jésus avait dit: «Venez à moi, je vous donnerai du repos et non un jour de repos, car le repos n'est pas un jour mais Christ, notre repos de sabbat.
Mt.11:28; Hé.4:9
Ce sabbat sera observé par Israël pendant le millenium. L'Eglise de Christ sera déjà enlevée, car elle aura eu part à la première résurrection. Es.66:23; Ap. 20:5-6

III. Contraste entre le Sabbat et le Dimanche.

1. Le sabbat était le septième jour de la semaine, le dimanche, le premier jour.
2. Le sabbat commémore le repos du Dieu Créateur, le Dimanche, la résurrection de Jésus-Christ d'entre les morts.

3. Le septième jour, Dieu se reposa; le premier jour, Christ envoie des apôtres en mission.
4. Le sabbat commémore une création achevée, le dimanche, une rédemption achevée.
5. Le sabbat fut un jour de fête imposée par la loi; le dimanche un jour d'adoration et de cultes volontaires.

Conclusion: Le sabbat fut un jour de repos imposé par la Loi et non un jour de service religieux L'holocauste et les fêtes étaient permis. Christ est notre sabbat, le vrai repos.

Questions

1. Que veut dire sabbat? Cessation de travail, repos
2. A qui fut-il donné? Seulement à Israël
4. Pourquoi Adam, Noé, Abraham n'observaient-ils pas le sabbat?
   Ils ne vivaient pas sous la dispensation de la loi.
5. Qui est notre sabbat? Jésus Christ
6. Pourquoi Jésus violait-il le sabbat?
   Parce qu'Il est notre vrai sabbat, notre vrai repos.
7. Etablissez une différence entre sabbat et dimanche.
   Le sabbat est un jour de repos, un type de Christ. Jésus est le vrai repos. Le dimanche est un jour d'adoration.

Récapitulation des versets à mémoriser

Leçons   Titres   Textes d'or

1. Adam, un type de Jésus-Christ
   1Cor.15:45
   C'est pourquoi il est écrit: Le premier homme, Adam, devint une âme vivante. Le dernier Adam est devenu un esprit vivifiant.

2. Abel, un type de Jésus-Christ
   Ge.4:10
   Et Dieu dit: Qu'as-tu fait? La voix du sang de ton frère crie de la terre jusqu'à moi.

3. Isaac, un type de Jésus-Christ
   Jn.1:29
   Le lendemain, il vit Jésus venant à lui, et il dit: Voici l'Agneau de Dieu, qui ôte le péché du monde.

4. Joseph, un type de Jésus-Christ
   Mt.17:5
   Comme il parlait encore, une nuée lumineuse les couvrit. Et voici, une voix fit entendre de la nuée ces paroles: Celui-ci est mon Fils bien-aimé, en qui j'ai mis toute mon affection: écoutez-le!

5. Joseph, un type de Jésus-Christ (Suite)
   Hé.4:15

Car nous n'avons pas un souverain sacrificateur qui ne puisse compatir à nos faiblesses; au contraire, il a été tenté comme nous en toutes choses, sans commettre de pécher.

6. Moïse, un type de Jésus-Christ
   De.18:15
   L'Éternel, ton Dieu, te suscitera du milieu de toi, d'entre tes frères, un prophète comme moi: vous l'écouterez!

7. Moïse, un type de Jésus-Christ (Suite)
   Jn.1:17
   Car la loi a été donnée par Moïse, la grâce et la vérité sont venues par Jésus Christ.

8. Josué, un type De Jésus-Christ
   Jn.8:36
   Si donc le Fils vous affranchit, vous serez réellement libres.

9. Des Animaux, types de Jésus-Christ.
   1Jn.1:7
   Mais si nous marchons dans la lumière, comme il est lui-même dans la lumière, nous sommes mutuellement en communion, et le sang de Jésus son Fils nous purifie de tout péché.

10. Des objets, types de Jésus-Christ **Jn.3:14**
    Et comme Moïse éleva le serpent dans le désert, il faut de même que le Fils de l'homme soit élevé, afin que quiconque croit en lui ait la vie éternelle.

11. Des Object, types de Jésus Christ (suite)
    Ro12:1
    Je vous exhorte donc, frères, par les compassions de Dieu, à offrir vos corps comme un sacrifice vivant, saint, agréable à Dieu, ce qui sera de votre part un culte raisonnable.

12. Le sabbat, un type de Jésus-Christ
    Col.2:16-17 Que personne donc ne vous juge au sujet du manger ou du boire, ou au sujet d'une fête, d'une nouvelle lune, ou des sabbats: c'était l'ombre des choses à venir, mais le corps est en Christ.

Tome 5- Série 2

Série 2 Les Patriarches

Avant-propos

La société patriarcale avec ses lois et ses coutumes a dominé pour longtemps la vie des juifs avant sa servitude au pays d'Egypte. «Le pater familia» ou père de famille était souverain dans ses décisions. Un Noé maudira les descendants de Cham pour punir son irrévérence. Un Abraham chassera de sa maison son fils Ismaël et sa mère Agar avec pour tout soutien qu'une cruche d'eau et un morceau de pain parce que l'enfant avait ri de Sara. Ge.21:9, 14 Jacob n'a pas hésité à privilégier Joseph aux regards de ses onze frères. N'en restons pas là car nous avons des leçons à tirer dans le sujet d'aujourd'hui. De préférence, entrons maintenant sous le toit des patriarches.

Leçon 1
Noé et le Déluge

Versets de base: Ge.6 :1-22 ; 7 :1-24 ; 8 :1-22; Ez. 14; Mt. 24 : 37-38 ; Lu. 17:26; Hé. 11:7; 1 Pi. 3:20; 2 Pi. 2:5

Versets à lire en classe: Ge. 6:8-14

Versets à mémoriser: Noé était un homme juste et intègre dans son temps; Noé marchait avec Dieu. **Ge. 6:9b**

But: Montrer le jugement de Dieu par le déluge.

Méthodes: Discussion, questions.

Introduction

Tant que l'homme ne voit une réaction extraordinaire de Dieu, il persiste dans sa mauvaise voie. Dieu le frappera de son jugement pour manifester sa justice et l'obliger à se repentir. Voilà pour expliquer brièvement le sort des gens du temps de Noé.

I. **Causes du déluge du temps de Noé.** Ge. 6:5, 12, 13
1. La perversion. Ge.6:2
2. La méchanceté Ge.6:5
3. La corruption Ge. 6:12
4. La violence. Ge. 6:13.
    C'était en bref l'expression de la vie dépravée des antédiluviens.

II. **Le déluge vu des gens du temps de Noé.** Ge. 2:5-6
   1. Ils le prenaient pour une vaste plaisanterie car la pluie n'était jamais tombée sur la terre. Sans doute prirent- ils Noé pour un fou.
   2. Loin de s'inquiéter, ils menaient le même train de vie, contractaient, bâtissaient, se mariaient, et mariaient leurs enfants. Bon nombre d'années s'étaient donc écoulées! Mt. 24:37-38

III. **Dispositions générales de l'Eternel.** Citons-en quatre:
   1. Le salut pour tous ceux qui acceptent d'entrer dans le bateau de Noé.
   2. La destruction des incrédules. Ge. 6:13
   3. La protection des créatures males et femelles par échantillon. Ge. 6:19
   4. La protection des plantes, des aliments par échantillon et de la nourriture pour un an pour tous. Ge. 6:19-20

IV. **Dispositions spéciales.** Citons-en aussi quatre :
   1. Un bateau construit en bois de gopher et enduit d'asphalte avec 450 pieds de long, 75 de large et 45 de hauteur avec assurément diverses chambres. Ge. 6:14-15
   2. Noé fit l'arche, mais c'est Dieu qui en ferma la porte; ceux qui étaient hors de l'arche périrent. Ge. 7:16
      Le déluge dura 40 jours. Même les hautes montagnes étaient submergées. Ge. 7:17. Ainsi Noé et sa famille étaient retenus dans

l'arche pendant 392 jours soit environ 56 semaines. Ge.7 :13-14
3. Après le déluge, Dieu autorisa les hommes à manger de la viande pour la première fois, car les récoltes étaient perdues. Ge. 9:3-4

Et voilà comment la vie a recommencé avec seulement 8 personnes pour repeupler la terre. 1 Pie. 3:20

Conclusion

Notre époque rappelle bien celle de Noé. Avertissons les autres du jugement à venir, car, maintenant, Dieu réserve la terre pour le feu. Crois-tu cela?

Questions

1. Pourquoi Dieu punissait-il la terre?
A cause de la perversion, la méchanceté, la corruption et la violence des gens du temps de Noé.
2. Qui était chargé de bâtir l'arche? Noé
3. Donner la dimension du bateau?
450 pieds de long sur 75 de large et 45 de hauteur
4. Combien de jours dura le déluge? 40 jours
5. Combien de personnes étaient à bord du vaisseau? Huit
6. Combien de jours ont-ils passé à bord du vaisseau?
392 jours soit 56 semaines
7. Qui ferma la porte de l'arche? L'Eternel
8. A quoi la terre est-elle réservée? Pour le feu
9. Pourquoi les gens ne croyaient-ils pas à la prédiction de Noé? Il n'avait jamais plu sur la terre.

Leçon 2
Noé et ses descendants

Versets de base: Ge. 9:20-29; Ge. 10; 1 Pi. 3:20; Ex. 3:17; 5:2; De. 18:9-14; Ps. 136:10-19; 2Co. 5:17
Versets à lire en classe: Ge. 9:20-29; Jn. 8:36
Versets à mémoriser: Et il dit: Maudit soit Canaan! Qu'il soit l'esclave des esclaves de ses frères! **Ge. 9:25**
Méthodes: Discussion, questions
But: Montrer le profil historique des diverses races humaines.

Introduction
L'humanité va repartir avec les fils de Noé pour représenter trois grandes races. En réalité, la Bible ne parle pas de races ni de couleurs de leur peau, mais de nations et de groupes ethniques. Quelle sera leur destinée sur la terre?

I. **Les fils de Noé: Sem, Cham et Japhet**
   1. Descendants de Sem: Ge.10 : 22-32
      Vraisemblablement ils étaient : Juifs, Chinois, Japonais, Arméniens, Arabes, Araméen, Syriens, Turcs, Iraniens, Iraquiens, Afghans. (Abraham descendait de Sem)
   2. Descendants de Japhet: Ge. 10 : 1-5
      Allemands, Anglais, Français, Slaves, Asiatiques, Finlandais, Norvégiens, Suédois, Danois, Grecs, en gros les Européens et les Indo-Européens.
   3. Descendants de Cham. Ge. 10 :6

En général l'Afrique noire (Egyptiens, Libyens, Ethiopiens) à laquelle on peut ajouter les Cananéens, les Jébusiens, les Guirgasiens, les Héthiens, les Amoréens, tous ceux-là que Dieu chassait au pays de Canaan pour y établir Israël.

II. **Rapport historique entre Sem, Cham et Japhet, descendants de Noé**.

1. Ils s'entendaient bien pour bâtir une grande ville et la haute Tour (Babel) dont «le sommet toucherait le ciel».
2. Ils voulaient avoir une consigne pour s'unir afin de ne pas se disperser sur la vaste planète. Mais Dieu les a confondus parce que leur intention était mauvaise : Ils voulaient parvenir au ciel par leur propre moyen.

   L'orgueil, la quête de puissance, l'usage de leur génie pour défier Dieu, la rébellion, etc. caractériseront les hommes sans Dieu.

   a. Noé maudit Cham dans sa descendance pour punir son irrévérence. Ge. 9: 25. En effet, Canaan est le seul des petits-fils de Noé qui n'eut pas une nation descendante existant aujourd'hui.

   b. Sem et Japhet (les blancs et les jaunes) s'entendront facilement dans leurs projets économiques, politiques et scientifiques. Exemple: Les Nations Unies. Ge. 9:22-23, 27

III. **Causes réelle de la tragédie des noirs**
   1. Ils vivent dans la superstition, dans l'idolâtrie, dans la prostitution. Ge. 15:16; De. 18:9-14 ; Esa. 19
   2. Pendant 430 ans ils opprimaient les juifs en Egypte et les poussaient vers l'idolâtrie. Ge. 15:13; Ex. 3:17
   Mais Dieu a délivré Israël de la main de Pharaon, magicien, athée, criminel et idolâtre. Ex. 5:2; Ps. 136: 10-19

IV **Constatations historiques**
   1. L'ancienne Egypte (les descendants de Cham) connut une grande et longue civilisation, et fut pendant un long temps la plus grande des nations. De grandes dynasties existaient en Afrique dans le passé.
   2. Les Européens (descendants de Japhet) réussirent plus tard à dominer le monde. L'esprit de conquête et l'avidité des biens matériels les rendaient responsables de deux guerres mondiales sans compter d'autres atrocités.

V. **Moyen de sortir de l'esclavage: Jésus est la seule solution**

   La vraie conversion, le dépouillement, une vie livrée à Jésus seul. A ce titre, tous en ont besoin, qu'ils descendent de Sem, de Cham ou de Japhet. Jn. 8:36; 2 Co. 5:17

Conclusion

Fuyez l'idolâtrie. Aimez tout le monde et servez Dieu et le prochain. Au ciel, il n'y aura ni blanc ni noir, mais des chrétiens de toutes nations, lavés et blanchis dans le sang de Jésus.

Questions

1. Citez les fils de Noé.
   Sem, Cham, Japhet

2. Citez 3 descendants de chacun d'eux.
   Sem: Juifs, Arabes, Afghan
   Cham: Les Libyens, les Cananéens, les Guirgasiens
   Japhet: Français, Anglais, Danois

3. La Bible parle-t-elle de race?
   Non, mais de groupes ethniques, de nations

4. Quelle fut la cause de la malédiction de Cham?
   Le manque de respect envers son père.

5. Comment les groupes ethniques peuvent-il se libérer de l'esclavage du péché?
   Par la vraie conversion à Jésus-Christ

Leçon 3
Noé et l'humanité après le déluge

Versets de base: Ge.9:1-19; 11:1-9; 2Pi.3:4-9; Ro.3:4
Versets à lire en classe: Ge. 9:1-4; 11:1-6
Versets à mémoriser: J'ai placé mon arc dans la nue, et il servira de signe d'alliance entre moi et la terre. **Ge. 9:13**
Méthodes: Discussion, question.
But: Montrer les nouvelles dispositions de Dieu pour l'homme.

Introduction
A partir des trois fils de Noé, Dieu va repeupler la terre. Et depuis, Il prend de nouvelles dispositions à l'égard de l'homme. Et l'homme n'en prendra t- il pas lui aussi contre son créateur?

I. **Dispositions de Dieu après le déluge**
   1. Dispositions générales
      a. La vie normale reprend son cours. Ge. 8:16-18
      b. L'adoration normale reprend son cours. Ge. 8:20-21
      c. Les êtres vivants ne seront plus détruits par l'eau. Ge. 8:22
      d. La planète est réservée au jugement par le feu. 2 Pi. 3:5-7
      e. L'arc-en-ciel est le signe de l'alliance de Dieu avec l'homme. Ge. 9:13
      f. L'homme doit dominer la nature. Ge. 9:2

2. Disposition spéciales
   a. La viande est ajoutée à la diète de l'homme, car la terre était trop humide pour les plantations. Ge.9:2-4
   b. Dieu interdit la peine capitale. Ge. 9:6
   c. L'arche de Noé reste accrochée au Mont Ararat (entre la Turquie et la Russie) Ge.8:4. En 1965, les Etats-Unis avaient offert 14 millions de dollars à la Russie pour 24 pouces de bois dans l'arche de Noé. La Russie a refusé. La vérité biblique reste encore toute entière accrochée à la neige du Mont Ararat. Que Dieu soit reconnu pour vrai. Ro. 3:4

II. **Dispositions de l'homme après le déluge.** Ge. 11:1-5

Les hommes ont appris de leurs pères comment Dieu était méchant en détruisant leurs ancêtres par le déluge. Ils s'entendent pour que Dieu ne puisse jamais les détruire. Dès lors, ils commencent à construire des Tours dont Babel en fut la première, s'il nous faut mentionner les Gratte-ciel, les engins interplanétaires, la station orbitale, les satellites de surveillance dans l'espace comme les secondes. Au sommet de la tour de Babel était le Ziggurat ou poste d'observation des étoiles et des planètes. Là, les astrologues étudiaient les planètes pour deviner l'avenir.
Quel en fut le résultat? La confusion.
Mais à la Pentecôte, Dieu adopte une nouvelle langue pour réunir les hommes: La langue de feu de l'Esprit-Saint. Si l' Eglise ne fonctionne pas avec cette langue, en d'autres termes, si elle n'est

pas guidée par le Saint-Esprit, elle devient une tour de Babel et tombera fatalement dans la confusion.

Conclusion
Décidons de tout avec Dieu pour notre succès.

Questions

1. Citez deux des dispositions de Dieu après le déluge.
    a. Il ne détruira plus la terre par l'eau mais par le feu.
    b. L'homme pourra maintenant manger de la viande.

2. Pourquoi les Chaldéens voulurent-ils bâtir une ville et une tour?
    a. Pour se faire une réputation
    b. Pour se protéger contre la dispersion
    c. Pour défier Dieu

3. Qui consultent t-ils pour bâtir la tour? Eux-mêmes

4. D'où viennent les diverses langues? De la tour de Babel

5. Par quel moyen les hommes peuvent-ils réellement s'entendre entre eux? Par le langage du Saint-Esprit

Leçon 4
Abraham, ami de Dieu

Versets de base: Ge. Chapitre11 à chapitre 18
Versets à lire en classe: Ge. 12:1-9
Versets à mémoriser: Je ferai de toi une grande nation, et je te bénirai; je rendrai ton nom grand, et tu seras une source de bénédiction. **Ge. 12:2**
Méthodes: Discussion, questions
But: Montrer comment la recherche du vrai Dieu peut-être récompensée par de riches bénédictions.

Introduction
Abram ne pouvait vivre heureux au sein de la confusion en vogue à Babel. Tandis que le peuple adorait les astres, il était dans l'angoisse pour connaitre le vrai Dieu. Aussi Dieu l'appela-t-il à laisser Ur de Chaldée, son pays natal, sans destination spécifique. Où la foi d'Abram va-t-elle le mener?

I. **Situation sociale à Canaan**
   1. Il partit avec sa femme, ses serviteurs et son neveu Lot et débarqua dans le pays de Canaan. Ge.12 :4-5
   2. Il ne tarda pas à vider les lieux car la famine l'avait forcé d'aller se réfugier en Egypte. Pour le malheur du couple, Pharaon a enlevé Sara par la faute même d'Abram à vouloir appeler Sara sa sœur. 12:10-20
   3. Pharaon le dédommagea avec de grands biens. 12 : 16

II. **Situation spirituelle à Canaan**
   1. Dès son arrivée à Canaan, il bâtit un autel à l'Eternel car Dieu était sa priorité. Ge12 : 7

2. Il lui donna la dîme de tout. Ge. 14:20
3. La dîme existait avant la loi, ce n'est donc pas une prescription juive ou adventiste.
4. A plusieurs reprises, Abram recevait Dieu chez lui en audience privée. Ge. 15:5; 17:1; 18:1; 22:1

Résultats:
    a. Il reçut de Dieu la promesse d'un enfant légitime et le pays de Canaan comme héritage à ses descendants. Ge 15:13
    b. Le pardon pour Sodome s'il s'y trouve 10 justes.
    c. L'exhortation à marcher droit devant Dieu. Ge.17:1
    d. Le sacrifice de son fils légitime à Dieu. Ge. 22:2

Conséquences:
    a. Il eut la victoire sur ses ennemis. Ge. 14:20
    b. Dieu lui retourna Isaac plein de vie. Ge. 22:12
    c. Ses adversaires dépendaient de lui pour leur salut. Ge. 20:7
    d. Dieu conserve son nom dans l'éternité. Lu. 16:22

Conclusion:
Si nous voulons trouver Dieu, ayons le courage de le chercher. IL nous bénira comme Abraham.

Questions

1. Où est né Abram?
   A Ur de Chaldée

2. Qu'elle était l'ambition des Chaldéens?
   Rechercher leur indépendance de Dieu

3. Prouvez que Dieu était la priorité du patriarche
   Dès son arrivée à Canaan, Il lui bâtit un autel.

4. A quelle épreuve était-il soumis à Canaan?
   La famine

5. Qu'est ce qui lui arriva en Egypte?
   Sara fut enlevée.

6. Donnez la preuve qu'Abram connaissait Dieu.
   Il paya sa dîme, il pria et Dieu s'est révélé à lui

7. Pourquoi insistait-il sur le salut d'au moins 10 justes?
   Pour sauver son neveu Lot et sa famille.

Leçon 5
Abraham et Sara

Versets de base: Ge. Chap.12; 16; 18; 21; 23
Versets à lire en classe: Ge. 16:1-5
Versets à mémoriser: Car tout le pays que tu vois, je le donnerai à toi et à ta postérité pour toujours. **Ge. 13:15**
.**Méthodes**: Histoire, comparaisons, questions
But: Montrer que malgré nos erreurs, Dieu n'oublie jamais de tenir ses promesses.

Introduction
Abraham et Sara sont maintenant en Canaan. Suivons-les de près et voyons jusqu'où Dieu va les conduire.

I. **Biographie du couple**
   1. Abram vint d'Ur en Chaldée, près de Babylone. Ge. 11:31
   2. A 75 ans, il entra à Canaan. Ge. 12:4
   3. A 86 ans, il eut Ismaël d'Agar l'Egyptienne. Ge. 16:16
   4. A 99 ans, il fut circoncis et appelé Abraham, c'est-à-dire, père d'une multitude. Ge.17:5, 24
   5. A 100 ans, il eut Isaac de Sara qui eut lors 90 ans. Voilà un Miracle! Ge. 17:17; 21:5
   6. Il mourut à l'âge de 175 ans et Sara à 127 ans. Ge. 23:1; 25:7
   7. Les deux furent enterrés à Canaan dans la grotte achetée de Macpéla. Ge. 23:19; 25:8-9

II. Epreuves du couple

1. A peine furent-ils arrivés à Canaan que la famine les obligea d'aller en Egypte pour survivre. Ge. 12:10, 16
2. Là, Sara fut enlevée par Pharaon qui dédommagea largement Abraham. Sara fut encore enlevée à Guérar par le roi Abimélec pour la même raison.
   Ce roi esquissa aussi le même geste au couple. Ge. 20:2, 14. Et tout cela arriva à cause d'un mensonge d'Abraham.
3. Sara fut stérile. Elle eut Isaac dans la période de ménopause. Dieu le demanda en sacrifice. Abraham y consentit sans une ombre d'hésitation.

III. Bénédictions du couple

1. Dieu bénit tous ceux qui protègent les juifs. Ex. USA
2. Dieu punit ceux qui les chassent. Ex. L'Allemagne, fut dominée par les Russes pendant 50 ans parce que, à la fin de la deuxième guerre mondiale, en 1945, Hitler avait ordonné la crémation de six millions de Juifs.
3. Dieu dit: Je suis le Dieu d'Abraham, d'Isaac et de Jacob. Mt. 22:32
4. Dieu baptise un lieu dans le ciel du nom d'Abraham. Lu. 16:22

Conclusion

C'est donc dans des situations difficiles qu'ils ont marché avec Dieu. Voulez-vous obtenir aussi des bénédictions? Si oui, acceptez de vivre par la foi au milieu des épreuves sans pour autant maudire le nom de Dieu.

Questions

1. D'où vient Abraham? D'Ur en Chaldée

2. A quel âge avait-il eu Isaac? A 100 ans

3. Quelle est la nationalité d'Agar? Egyptienne

4. Quelle fut l'épreuve du couple en Canaan?
   La famine en Egypte, et l'enlèvement de Sara par Pharaon

5. Pourquoi Dieu bénit-il les Etats-Unis?
   Pour avoir reçu les juifs.

6. Comment Dieu se nomma-t-il? Le Dieu d'Abraham

7. Que veut dire Abraham? Père d'une multitude

Leçon 6
Abraham et Lot

Versets de base: Ge. 12:1-9, 13-14, 19; 2 Pi. 2:6-10
Versets à lire en classe: Ge. 13:5-13
Versets à mémoriser: Tout le pays n'est-il pas devant toi? Sépare-toi donc de moi: si tu vas à gauche, j'irai à droite; si tu vas à droite, j'irai à gauche. **Ge. 13:9**
Méthodes : questions, comparaisons
But: Montrer le danger de posséder des richesses sans la volonté de Dieu.

Introduction
Nous avons vu comment Dieu bénit Abraham ainsi que son neveu Lot à leur retour de l'Egypte. Les deux étaient si riches que leurs biens engendraient des problèmes de comptabilité. Aussi Abraham proposa-t-il à Lot la séparation.

I. **Choix de Lot et ses conséquences**
   1. Il convoitait et choisissait d'habiter Sodome sans consulter Dieu. L'endroit était arrosé et propre à l'élevage. Ge.13 :10
   2. Il s'établissait parmi les homosexuels de Sodome et de Gomorrhe. Peu après, il aurait perdu toutes ses richesses n'eut été l'intervention armée d'Abraham. Ge. 13:12; 14:16
   3. Lot était devenu un notable à Sodome, mais sans témoignage. Deux de ses filles s'étaient mariées à des mondains. Ge. 14:15

4. L'immoralité s'installait dans sa famille. Ses deux filles l'ont saoulé pour coucher avec lui. De cette relation incestueuse sortirent les Moabites et les Ammonites, ennemis d'Israël. Ge. 19:38
5. Il perdit sa femme, pétrifiée en statue de sel. Ses deux filles et leurs maris inconvertis perdirent leur vie dans le fléau de Dieu. Ge. 19:14, 26, 30

II. **Choix d'Abraham et ses résultats.** Ge. 13:14
1. Il resta à Canaan, à Hébron, parmi les chênes de Mamré. Il parait que Dieu attendait le départ de Lot pour parler à son ami Abraham
2. Quand la vie de Lot était menacée, Abraham descendit à Gomorrhe et le défendit avec courage. Il n'a pas saisi l'occasion pour lui reprocher son inconduite, et n'a exigé de lui aucun frais après avoir sauvé sa vie et ses biens. Ge. 14:14-24
3. Il plaida devant Dieu pour le salut de Sodome dans le but de sauver Lot et sa famille. Ge. 18:23-32
4. Lot perdit toutes ses richesses et toute sa famille sauf deux filles corrompues alors qu'Abraham rentra debout dans l'immortalité.

III. **Réflexions**
1. Les deux étaient parents et hommes justes. 2 Pie. 2:7-8

2. Abraham a choisi la cité qui a de solides fondements et Lot les avantages immédiats. Ge. 13:11; Hé. 11:10
3. La présence d'un chrétien charnel chez vous peut empêcher à Dieu de vous parler concrètement.
4. Plusieurs ont gagné dans leur voyage: argent, éducation, mariage, renommé au prix de la corruption et perdront tout au jour du jugement.

Conclusion
Faites confiance à Dieu et non à votre raisonnement.

Questions

1. Pourquoi Lot avait-il choisi Sodome?
Parce que l'endroit était très fertile.
2. Quel était le caractère moral des sodomites?
Ils étaient des gens pervers.
3. Que fit Abraham pour sauver Lot? Il plaida devant Dieu.
4. Comment mourut la femme de Lot?
Elle fut changée en statue de sel.
5. Qui étaient ses gendres? Des inconvertis
6. Comment Lot laissa-t-il Sodome? Dans la pauvreté
7. A qui comparer Lot aujourd'hui? A un chrétien charnel
8. Pourquoi Dieu avait-il honoré Abraham?
A cause de sa foi en Dieu

Leçon 7
Abraham et sa Foi en Dieu

Versets de base: Ge. Chap.12 à chapitre 22:1-14
Versets à lire en classe: Ge. 22:15-18
Versets à mémoriser: L'ange dit: N'avance pas ta main sur l'enfant, et ne lui fais rien; car je sais maintenant que tu crains Dieu, et que tu ne m'as pas refusé ton fils, ton unique. **Ge. 22:12**
But: Montrer qu'il faut avoir la foi pour être agréable à Dieu.
Méthodes: Histoire, comparaisons, questions.

Introduction
Si je dois mettre la foi d'Abraham en question, puis-je dire que Dieu est partial? D'où vient la foi du patriarche?

I. **Il attendait de Dieu plus que les choses matérielles**
   1. Tout déplacement engendre des pertes. En laissant son pays pour obéir à Dieu, il savait que ces pertes seraient compensées. Voilà pourquoi il mettait Dieu en premier. Ge. 12:8
   2. Dieu l'éprouvait en le dépouillant de tous ses biens par une famine soudaine, mais il n'avait pas tardé à l'enrichir. Ge. 12:16; 13:6

II. **Il demeurait l'associé de Dieu**. Ge. 14:20
   Par éducation, il savait qu'il devait partager avec Dieu les produits de ses biens. La loi n'existait pas encore quand il donna à Dieu la dîme de tout.

Qui n'a pas la foi ne peut donner la dîme. Mal. 3:10c

III. **Il croyait dans la souveraineté de Dieu.** Il peut lui donner un enfant de sa femme Sara même dans la période de ménopause. Ge. 17:17

Il avait 100 ans et Sara 90 ans quand il eut Isaac. Qui avant ou après lui avait pu avoir d'enfant à cet âge?

IV. **Il savait que Dieu pouvait lui restituer son enfant sacrifié**
1. En effet, Dieu lui demandait de sacrifier Isaac, son enfant légitime. A cette époque, il était de tradition que les pères païens sacrifiaient leur premier-né aux faux dieux. L'Eternel a voulu éprouver Abraham pour voir s'il lui était aussi sincère que les païens l'étaient à leurs dieux.
2. Abraham ne consulta ni sa femme ni ses sentiments pour prendre une décision souveraine. Il obéissait à Dieu. Il ordonna à ses serviteurs de rester au pied de la montagne tandis que lui et son fils s'en éloigneraient pour adorer. Mais où était la victime à offrir en sacrifice? C'était son fils.
3. Quand il allait sacrifier Isaac, Dieu arrêta son bras et le félicita en disant: «Je vois que tu crains Dieu». Abraham a passé le test de la foi." Ge.22:12

Conclusion

Si vous voulez être agréable à Dieu, comme Abraham, acceptez de sacrifier à Dieu ce que vous avez de plus cher. Soyez assuré que votre foi sera récompensée.

Questions

1. Comment Abraham servait-il Dieu?
   En espérant de lui les choses les meilleures

2. Pourquoi donna-t-il la dîme?
   Parce qu'il se reconnaissait comme un associé de Dieu

3. Quel miracle exceptionnel Dieu a t-il fait pour lui?
   La naissance d'Isaac quand lui et sa femme était déjà trop avancés en âge.

4. Comment répondit-il à la demande d'Isaac en sacrifice?
   Il décida de le sacrifier à Dieu sans hésiter.

5. Pourquoi Dieu lui a-t-il demandé ce sacrifice?
   Pour voir s'il le craignait vraiment.

Leçon 8
Abraham et sa Conception du Mariage

Versets de base: Ge. 15:1-6; 24:1-67; De. 18:9-14; Esd. 9:1-4; Mt. 22:1-14; Jn. 16:14.
Versets à lire en classe: Ge. 24:1-7
Versets à mémoriser: Je te ferai jurer par l'Éternel, le Dieu du ciel et le Dieu de la terre, de ne pas prendre pour mon fils une femme parmi les filles des Cananéens au milieu desquels j'habite, mais d'aller dans mon pays et dans ma patrie prendre une femme pour mon fils Isaac. **Ge. 24:3-4**
Méthodes: Histoire, comparaisons, questions
But: Le choix d'un conjoint relève de l'autorité paternelle.

Introduction
Nous avons vu comment Abraham avait possédé Canaan. Sentant sa mort prochaine, il voulut donc marier son fils Isaac. Le marier, mais avec qui? Quelles en étaient les démarches nécessaires?

I. **Situation à Canaan**
   1. Abraham était un immigrant. Il avait voulu vivre en dehors des coutumes du pays: boy-friend, girl-friend, mariage-business, mariage d'essais, mariage temporaire, mariage avec les loas, avec les vierges de Satan, mariage avec les 7 filles d'Egypte, mariage avec la reine des eaux... De. 18:9-14.
   2. Se marier à un étranger était, pour le juif, une trahison au Dieu de ses ancêtres. Esd. 9:2

3. Isaac sans nul doute voulut se marier, mais le choix de la fiancée dépendait du père. C'était la coutume. Ge.24:6

II. Le besoin d'un parlementaire. Ge. 24:10
 1. Il envoya Eliézer de Damas, son intendant en Mésopotamie, à la recherche d'une épouse pour Isaac.
 2. Le délégué offrit d'y amener le jeune homme. Mais Abraham s'y refusa. Ge.24:6-7. Isaac devait absolument se fier à son père.
 3. Il remit son messager entre les mains du Seigneur.
 Ge. 24:7
 4. Eliézer voyagea avec tous les biens d'Isaac pour rassurer l'éventuelle fiancée du bien-être que son futur époux pourra lui procurer.
 5. Eliézer demanda des signes à Dieu qui lui répondit positivement. Rebecca fut choisie et le mariage avec Isaac n'avait pas tardé. Ge.24 : 13-14, 67

III. **Commentaires**
 1. Abraham préfigure un certain roi qui fit des noces pour son fils. Il peut lui choisir n'importe qui.
 Mt. 22:2.
 2. Eliézer représente le Saint Esprit dans ses démarches au nom de l'époux pour conférer des dons à la fiancée et présider à leur rencontre. Jn. 16:13-14.
 3. Rébecca représente l'Eglise, la vierge fiancée à Christ. 2 Co. 11:2

Conclusion
Si vous voulez d'un mariage heureux, remettez-en le choix entre les mains de Dieu.

Questions

1. Pourquoi Abraham voulut-il marier Isaac? Parce qu'il était vieux; il voulut l'épargner d'un choix émotionnel.

2. Pourquoi a t-il refusé d'en choisir à Canaan? Il est juif. Il veut éviter à son fils de se mêler aux mœurs des idolâtres.

3. Qui envoya-t-il et où? Eliézer - En Mésopotamie

4. Pourquoi Isaac l'a accepté ainsi? C'était la coutume.

5. Qu'apporta-t-il dans son voyage? Tous les biens d'Isaac

6. Que fit-il pour l'éclairer dans son choix? Il demanda à Dieu des signes.

7. A qui ressemble Abraham? A un roi qui marie son fils

8. A qui ressemble Eliézer? Au Saint-Esprit qui nous conduit dans toute la vérité

9. Rébecca? L'Eglise, fiancée de Jésus-Christ

Leçon 9
Isaac et Rébecca

Versets de base: Ge. 24:1-67; 25:19-26
Versets à lire en classe: Ge. 24:12-19
Versets à mémoriser: Une femme vertueuse est la couronne de son mari, Mais celle qui fait honte est comme la carie dans ses os. **Pro. 12:4**
But: Montrer comment Dieu répond à la prière du patriarche.

Introduction
Nous avons vu comment Abraham, d'accord avec Eliézer réclamait devant Dieu une épouse pour Isaac. Dieu agréa leur prière dans le choix de Rébecca. Qui était-elle?

I. Rébecca
1. Fille de Bethuel, nièce d'Abraham. Ge.24 : 24
2. Bergère, laborieuse, car donner à boire aux chameaux en fin de journée est un travail très fatigant. Un chameau peut boire d'un trait jusqu'à trente gallons d'eau. Ge. 24 : 10-11
3. Une fille simple, hospitalière. Ge.24 : 16, 19, 25
4. Très ouverte, elle amena Eliézer chez ses parents et les mit au courant de tout. Ge.24 : 28
5. Lorsque Eliézer avouait l'objet de son voyage, c'était aux parents d'y consentir et à Rébecca de donner son approbation finale. Ge.24 : 51, 58

6. Vierge, elle cacha sa beauté à Isaac jusqu'au mariage suivant la coutume de l'époque. Ge. 24 : 61

II. Isaac
1. Fils d'Abraham, homme de prière. Ge. 24 : 63
2. Patient, il attendait Rébecca dans la chasteté. Rude travailleur, il avait pu accumuler suffisamment de biens pour assumer ses dépenses au foyer. Pour faire montre d'honnêteté, il n'avait rien à cacher à Rébecca. Ge.24 : 10
3. Il acceptait humblement les décisions du père et son mariage n'avait pas tardé, sage précaution pour éviter la fornication. Ge 24 : 67

Remarques
1. L'amour vient à partir des expériences du couple dans le mariage et non dans des essais préconjugaux. Ge. 24 : 67
2. Cet amour s'exprime par le support et la compréhension. En effet, Rébecca fut stérile pendant 20 ans. Vous pouvez imaginer les problèmes dans un tel foyer qui refuse de consulter les matrones et les mambos pour rester fidèle à Dieu. Ge. 25:20, 26

Conclusion
Les deux acceptèrent de supporter les problèmes du ménage sans se plaindre aux parents. Si vous voulez vous marier, au lieu de mettre tout le monde devant un fait accompli, priez, travaillez, économisez, remettez le tout entre les mains de Dieu.

Questions

1. Qui était Rébecca? Nièce d'Abraham

2. Quel était son métier? Bergère

3. Donner un trait de son éducation de famille. Elle était hospitalière.

4. Qui a décidé du mariage? Les parents

5. Que font les vierges de l'époque en société?
   Elle devait cacher leur beauté en public

6. Qui était Isaac? Fils d'Abraham

7. Quel était son tempérament?
   Solitaire, indépendant

8. Pourquoi son mariage fut-il précipité?
   Pour éviter le risque de la fornication

9. Combien de temps Rébecca demeura-t-elle stérile?
   20 ans

10. Lequel vient en premier: le mariage ou l'amour?
    Le mariage

Leçon 10
Esaü et Jacob

Versets de base: Ge.27 : 1-46; 30; 35:27-29; Hé. 12:15-17
Versets à lire en classe: Ge. 25: 27-34
Versets à mémoriser: Veillez à ce qu'il n'y ait ni impudique, ni profane comme Ésaü, qui pour un mets vendit son droit d'aînesse. **Hé. 12:16.**
Méthodes : discours, comparaisons, questions
But: Présenter 2 frères jumeaux à tempérament différent et une manière d'éduquer nos enfants.

Introduction
Vous avez assisté au mariage d'Isaac et de Rébecca. Ils avaient attendu 20 ans avant d'avoir deux jumeaux: Esaü et Jacob. Comment furent-ils élevés? Entrons sans permission dans leur foyer.

I. Education de famille
1. Rébecca avait choisi d'aimer Jacob parce que celui-ci aimait garder la maison. Par conséquent, Il était toujours disponible. Ge. 25:28
2. Esaü était un bon chasseur; et comme son père aimait les gibiers, il le réclamait comme son enfant préféré. Ge. 25:28
   Quelle mauvaise base pour l'éducation des enfants! Esaü s'était lié à des filles païennes, qu'importe? Son père l'aime. Il lui donnerait toutes les bénédictions du ciel et de la terre pour un plat de viande. Rébecca le savait si bien qu'elle aiderait Jacob à tromper son père

pour les avoir. En effet, avec la complicité de sa mère, Jacob a volé les bénédictions de son frère. Rébecca a même préféré être maudite, s'il le faut, pour assurer le bien-être de son fils préféré

II. **Education spirituelle**. Ge. 25:30-34; 28:20-22
   1. Malgré ses défauts, Jacob croyait dans les bénédictions de Dieu Il croyait en sa protection et acceptait de se convertir dans la suite. Ge. 28:20-21
   En effet, sa conscience n'était pas morte. Après 20 ans d'absence, il s'est humilié devant son frère en faisant toutes les restitutions possibles. Ge. 28 :31:38; 33:8-10
   2. Esaü était un homme charnel :
      a. Il méprisa le droit d'ainesse qui lui aurait conféré le titre d'héritier direct de la promesse des bénédictions terrestres et l'office de sacrificateur.
      b. Il déplut à ses parents en épousant des païennes. Ge 28:9
      c. Il promit de tuer son frère par jalousie. Ge. 37 :18

Constatations
1. C'est une imprudence grave que de choyer un enfant au détriment d'un autre. Le mépris aux parents et la mésentente entre les enfants sont certains.
2. L'amour des biens de la terre a porté Esaü et son père à prendre des décisions charnelles. Cf. Ge. 25:32; 27:4

3. L'enfant sur qui vous placez votre confiance peut bien vous décevoir. Rébecca mourut en l'absence de Jacob, son « enfant gâté ». Esaü et Jacob devaient s'entendre pour conduire leur père au tombeau. Heureusement qu'ils étaient à ce moment en harmonie. Ge. 35:29

Questions

1. Qui était le favori de Rébecca et pourquoi?
   Jacob, parce qu'il était casanier.

2. Qui était le favori d'Isaac et pourquoi?
   Esaü, parce que son père aimait la viande de gibier

3. Que fit Esaü pour déplaire à ses parents?
   Il se liait en mariage aux filles païennes.

4. Quel était le grand trait spirituel de Jacob?
   Il avait la foi dans les promesses de Dieu.

5. Comment les parents devraient-ils aimer leurs enfants? Avec impartialité

6. Que représentait le droit d'ainesse?
   L'autorité de sacrificateur et le droit d'héritage direct des biens du père.

7. Prouvez qu'Esaü était charnel.
   Il méprisait le droit d'ainesse

8. Dites un défaut commun à Esaü et à son père.
   Les deux évoquèrent la mort quand ils avaient faim.

Leçon 11
Jacob et ses Fils

Versets de base: Ge. 37 :1- 36; 42 : 1-38
Versets à lire en classe: Ge. 37:1-7
Versets à mémoriser: Ses frères virent que leur père l'aimait plus qu'eux tous, et ils le prirent en haine. Ils ne pouvaient lui parler avec amitié. **Ge. 37:4**
Méthodes: Histoire, comparaisons, questions
But: Vous mettre en garde contre l'éducation défectueuse de Jacob à ses enfants

Introduction

Jacob, dorloté jadis par sa mère, va en faire autant pour son fils Joseph. Et vous allez en voir les tristes conséquences.

I. **Erreur de Jacob**
   1. Il manifestait une affection exclusive pour Joseph
      a. Parce qu'il l'avait eu dans sa vieillesse. Ge 37:3
      b. Parce qu'il avait aimé Rachel, mère de Joseph, plus que Léa et ses autres femmes. Ge. 29:18, 20
      c. Parce qu'il avait provoqué la jalousie des enfants en procurant à Joseph un habit très couteux.
   2. Conséquences. Ge. 37:3
      Les frères de Joseph le haïssaient et le malmenaient. Jacob l'ignorait au point qu'un jour il envoya Joseph dans les champs pour apporter de la nourriture à ses frères. Ils

faillirent le tuer et provoquer ainsi la mort du père par l'émotion et le chagrin. 37: 4, 20-27

II. Conseils aux parents

1. Montrer de la préférence à un enfant crée la division au sein de la famille pour plusieurs générations.
2. Au magasin, achetez les mêmes choses pour tous ou bien demandez à chacun sa préférence.
3. Quant aux jeux, il est préférable d'en acheter selon le goût de chacun. Les jeux en commun tels que ballon, poupée, monopoly sont bien indiqués pour favoriser la communion, l'esprit d'équipe, de dialogue et d'échange.
4. N'excusez jamais la faute d'un enfant alors que vous punissez un autre pour la même raison. Et si vous le punissez il faut lui en donner des raisons valables.
5. Si vous avez un fils (fille) unique rendez-le (la) sociable en lui adjoignant un petit ami. Apprenez-le à partager pour combattre en lui l'égocentrisme.
6. Encouragez-le par des compliments. Evitez d'exalter sa beauté physique. L'enfant croira qu'il doit s'en arrêter là et oubliera de développer ses capacités spirituelles. Aimez vos enfants mais ne les adorez pas.

Questions

1. Quelle était l'erreur de Jacob?
   Il manifesta de l'amour pour Joseph à l'exclusion des autres enfants.

2. Quelles en furent les conséquences?
   Ils haïssaient et malmenaient Joseph.

3. Comment manifester de l'amour à nos enfants?
   Avec impartialité

4. Comment éviter les conflits?
   En créant un climat de famille où tous les enfants sont considérés également, sans parti pris.

5. Comment rendre nos enfants sociables?
   En encourageant les jeux en commun.

6. Comment établir chez eux l'idée de justice?
   Par la récompense ou la punition avec équité.

7. Comment traiter avec un fils unique?
   En enfant et non en dieu ou déesse.

Leçon 12
Joseph chez Potiphar

Versets de base: Ge. 37 :1-36; 40 :1-23
Versets à lire en classe: Ge. 39:1-12
Versets à mémoriser: La crainte de l'Éternel est le commencement de la sagesse; Tous ceux qui l'observent ont une raison saine. Sa gloire subsiste à jamais. **Ps.111:10**
Méthodes: Histoire, comparaisons, questions
But: Montrer comment la vertu doit triompher du vice

Introduction
Joseph fut vendu par ses frères aux commerçants de Madian qui l'ont revendu en Egypte à Potiphar, chef des gardes du roi. Depuis lors, ses frères ignoraient ce qu'il était devenu.

I. **Position de Joseph**
   1. Son intelligence et sa foi en Dieu le qualifiaient comme comptable chez Potiphar et plus tard comme premier-ministre à la cour de l'Egypte. Ge. 39:4; 40:41-43
   2. La présence de Dieu en lui fit prospérer Potiphar et mit plus tard l'Egypte et le monde sous ses pieds. Ge. 39:4; 41:57

II. **Epreuves de Joseph**
   1. La femme de Potiphar voulut le séduire parce qu'il était un beau garçon de 17 ans. Ge.37 :2 Et puisque Joseph résista à ses désirs, elle le calomnia en la présence de son mari qui jugea

bon de le jeter en prison pour des années. Ge. 39:12-15
2. Il ne fut pas tué parce que le pays avait trop besoin de lui pour sa compétence et surtout, parce que Dieu était avec lui. Ge. 39:21-23
3. L'explication de deux songes au roi lui valut sa liberté et plus tard, le salut de l'Egypte. Il avait 30 ans. 41:25, 46

III. **Exemples de Joseph**
1. La crainte de Dieu l'obligea à respecter la femme de son maitre et sa maison. Ge.39:9
2. Fuir une occasion de pécher n'était pas pour lui de la lâcheté mais un acte de courage moral. Ge.39:12
3. L'innocent peut remettre à Dieu le soin de le défendre.
4. Quand vos ennemis vous croient mort, Dieu vous délivre.
5. N'importe quel jeune de 17 ans aurait pu faire l'expérience de Joseph. Il lui suffirait de craindre Dieu.

Questions

1. Qui a vendu Joseph et à qui? Ses frères. A des madianites

2. A qui fut-il revendu? A Potiphar, chef des gardes du roi

3. A quel emploi fut-il affecté? Il était son comptable

4. A quel âge? 17 ans

5. Quelle était sa promotion? Premier-ministre de l'Egypte

6. Quel âge avait-il? 30 ans

7. Qui l'aimait et voulut le séduire? La femme de Potiphar

8. Quel fut son sort? Il fut jeté faussement en prison

9. Qu'est-ce qui l'a délivré?
   L'explication d'un songe à Pharaon

10. Qui peut nous innocenter quand on nous condamne? Dieu

Récapitulation des versets à mémoriser

Leçons	Titres	Versets à mémoriser

1. Noé et le Déluge
   Ge.6:9b
   Noé était un homme juste et intègre dans son temps; Noé marchait avec Dieu.

2. Noé et ses descendants
   Ge.9:25
   Et il dit: Maudit soit Canaan! Qu'il soit l'esclave des esclaves de ses frères!

3. Noé et l'humanité après le déluge   Ge.9:13
   J'ai placé mon arc dans la nue, et il servira de signe d'alliance entre moi et la terre.

4. Abraham, ami de Dieu
   Ge.12:2
   Je ferai de toi une grande nation, et je te bénirai; je rendrai ton nom grand, et tu seras une source de bénédiction.

5. Abraham et Sara
   Ge.13:15
   Car tout le pays que tu vois, je le donnerai à toi et à ta postérité pour toujours.

6. Abraham et Lot
   Ge.13:9
   Tout le pays n'est-il pas devant toi? Sépare-toi donc de moi: si tu vas à gauche, j'irai à droite; si tu vas à droite, j'irai à gauche.

7. Abraham et sa foi en Dieu   Ge.22:12
L'ange dit: N'avance pas ta main sur l'enfant, et ne lui fais rien; car je sais maintenant que tu crains Dieu, et que tu ne m'as pas refusé ton fils, ton unique.

8. Abraham et sa conception du mariage
Ge.24:3-4
Je te ferai jurer par l'Éternel, le Dieu du ciel et le Dieu de la terre, de ne pas prendre pour mon fils une femme parmi les filles des Cananéens au milieu desquels j'habite, mais d'aller dans mon pays et dans ma patrie prendre une femme pour mon fils Isaac.

9. Isaac et Rébecca
   Pr.12:4
   Une femme vertueuse est la couronne de son mari, Mais celle qui fait honte est comme la carie dans ses os.

10. Esaü et Jacob
    Hé.12:16
    Veillez à ce qu'il n'y ait ni impudique, ni profane comme Ésaü, qui pour un mets vendit son droit d'aînesse.

11. Jacob et ses Fils
    Ge.37:4
    Ses frères virent que leur père l'aimait plus qu'eux tous, et ils le prirent en haine. Ils ne pouvaient lui parler avec amitié.

12. Joseph chez Potiphar
    Ps.111:10
    La crainte de l'Éternel est le commencement de la sagesse; Tous ceux qui l'observent ont une raison saine. Sa gloire subsiste à jamais.

Tome 5-Série 3

La dîme

Un contrat avec Dieu

Avant-propos

Il n'y a pas que je sache, une entreprise sur la terre qui soit exonérée de frais et de dépenses. Même si le service vous est offert à titre gratuit, quelqu'un avait dû en payer le prix. Dans l'entreprise de Dieu, l'homme est appelé à prier, à agir, à verser sa contribution dans le temple suivant son contrat avec Dieu. Mettons de côté tous les tabous et livrons-nous à notre Dieu riche en grâce, en bonté et en fidélité.

L'auteur

Leçon 1
La dîme, un contrat avec Dieu

Versets de base: Ge. Chap. 1 a 2:1-17; 4:11-13; 14:1-20; 28:22; Le. 27:30
Versets à lire en classe: Ge. 14:17-20
Versets à mémoriser: Béni soit le Dieu Très Haut, qui a livré tes ennemis entre tes mains! Et Abram lui donna la dîme de tout. **Ge. 14:20**
Méthodes: Histoire, questions
But: Présenter l'homme comme l'associé de Dieu sur la terre.

Introduction
N'êtes-vous pas flatté aujourd'hui de savoir que le Dieu souverain n'a pas d'associé dans le ciel, mais qu'Il en a un sur la terre et que cet associé c'est vous? Comment?

I. **L'homme est le gérant de la planète**. Ge. 2:15
   Dieu l'autorise à dominer la nature. Rien d'étonnant donc s'il invente des avions pour dominer l'espace, des bateaux pour dominer la mer et fait tout pour maîtriser la nature.

II. **L'homme doit rendre compte au propriétaire**
   1. A côté de la nature à l'état sauvage, Dieu aménagea un jardin où Il plaça l'homme. Y avait-il un contrat? Bien sûr. Il devait cultiver et gérer le jardin. Tout gérant doit rendre compte au propriétaire.
      Ge.1 :26, 28
   2. Retenez qu'avant la chute, le travail était une loi de Dieu. L'homme vivait sous la

dispensation de l'innocence, des milliers d'années avant la loi. Et la part de Dieu était due et rendue. Chez nous on l'appelle deux moitiés.
   a. Dans le droit français c'est le colonage partiaire où la répartition est ainsi faite:
   b. Un quart ou vingt-cinq pour cent (25%) de la récolte va aux travailleurs,
   c. Un quart ou vingt-cinq pour cent (25%) était réservé pour la nouvelle plantation,
   d. Un quart ou vingt-cinq pour cent (25%) revenait au propriétaire et le dernier quart au gérant.
3. Dans la suite nous savons que la part de Dieu est de 1/10, soit dix pour cent (10%) ou la dîme. Aucune raison donc de tricher, mes amis!

III. L'homme devait maintenir ce contrat de Père en fils.

Quel que soit la dispensation sous laquelle il vit, ce contrat demeure.
1. Assurément, Adam et Eve en instruisirent leurs enfants. Abel le respectait contrairement à Caïn et c'était pour son malheur. Ge. 4:11-13
2. Jacob, en danger, promit de le renouveler. Ge. 28:17-22
3. Abraham victorieux donna à Dieu la dîme de tout. 14:20
4. Il devient une loi avec Moïse. Le. 27:30
5. Il demeure un principe avec Jésus. Mt. 22:21

Conclusion

Ainsi donc puisque vous êtes homme et non ange ou démon; puisque vous habitez sur la terre de Dieu avec plein droit de jouissance, si Dieu vous donne toutes les facultés pour savoir, comprendre, décider et produire, vous devez respecter son contrat.

Questions

1. Quel était le rôle de l'homme dans la création?
   La dominer

2. Quel était son rôle dans le jardin d'Eden?
   Le cultiver, le gérer

3. Combien doit-il à Dieu?
   La dixième partie des récoltes.

4. Quelle était la durée du contrat?
   De père en fils

5. Est-ce un contrat adventiste?
   Non. Il préexistait à Moïse

6. Quel est le sort des rebelles?
   Le châtiment de Dieu

Leçon 2
La dîme dans la législation mosaïque

Versets de base: Lev. 4 :1-35 ; 16:21-31; 27 : 1-34 ; No. 18 :1-32 ; De. 12:6, 17; De.18 : 1-1-22
Versets à lire en classe: Lev. 27:30-34
Versets à mémoriser: Toute dîme de la terre, soit des récoltes de la terre, soit du fruit des arbres, appartient à l'Éternel; c'est une chose consacrée à l'Éternel. **Le. 27:30**
Méthodes: Histoire, questions
But: Présenter la dîme comme une loi prescrite aux enfants d'Israël.

Introduction

Les enfants d'Israël ignoraient ce contrat qui existait des milliers d'années avant la loi de Moïse. Dès sa délivrance de l'esclavage en Egypte, Dieu leur imposa la dîme comme une obligation et leur en donna les principes pour les versements.

I. **La dîme au temps de Moïse.** Le. 27:30, 32
   1. Des fruits naturels: Produits du sol et du bétail. C'était à cette époque, les seules ressources économiques du peuple d'Israël.
   2. Sa qualité: Si l'animal était bon ou mauvais, cela ne regardait que Dieu. Le. 27:33. On ne pouvait l'échanger pour un autre. C'était une fraude fiscale. Le. 27:33
   3. Le lieu des versements: La tente d'assignation ou le Lévite immolait les victimes. Le. 4:4; No. 16:22

II. **La perception des dîmes**. No. 18:21-31
   1. Les Lévites, c'est-à-dire ceux qui faisaient le service dans la tente d'assignation, les recevaient. No. 16:21
   2. Ces dîmes constituaient leur salaire à partir duquel ils tiraient leurs dîmes appelées. "La dîme de la dîme". No. 18:26
   3. La dîme des cadeaux et de n'importe quelle offrande du peuple appartenait aussi aux Lévites. No. 18:29, 32

III. **La pénalité pour les dîmes non versées**.
   Le. 27:31; De. 28:16, 22, 41.
   1. Si quelqu'un prêtait ou empruntait cette dîme, il devait la remettre à L'Eternel en y ajoutant 20 pour cent. (20%).
   2. Si quelqu'un la gardait, il serait maudit, malade, esclave. Il ne pourrait jamais réussir. Mal. 3 :8-9

Conclusion
Les conditions de bénédiction sont là. Israël n'avait qu'à choisir. Que feriez-vous à sa place?

Questions

1. En quoi consistait la dîme au temps de Moïse?
   Elle consistait en fruits naturels (fruits du sol et du bétail)

2. Qui devait la verser? Les enfants d'Israël

3. Où devaient-ils la verser? A la tente d'assignation

4. A qui? Aux Lévites

5. Quel était le salaire du Lévite?
   Toutes les dîmes même des cadeaux et des offrandes reçus du peuple

6. Que veut dire "dîme de la dîme?"
   La dîme du Lévite

7. Qui devait juger de la qualité de la dîme?
   Dieu seul

8. Si quelqu'un utilisait la dîme à ses fins comment lui faudrait-il la rembourser?
   Il lui faudrait remettre le tout et y ajouter 20/100 (20%)

9. Qu'arrivai-t-il au délinquant?
   Tous les malheurs pourraient tomber sur lui.

Leçon 3
La dîme et les offrandes

Versets de base: Ex. 25:1; De. 14:22-29; Mal. 2:3; 2 S. 24:18-25; 1 R. 8:63; 1Ch. Chap. 29; 2 Ch. 29:30-36; Lu. 2:1-4; 2 Co. 9:6-11

Versets à lire en classe: Mal. 3:1-10

Versets à mémoriser: L'Éternel ne considère pas ce que l'homme considère; l'homme regarde à ce qui frappe les yeux, mais l'Éternel regarde au cœur. **1S.16:7b**

Méthodes: Discours, comparaisons, questions

But: Etablir la différence entre les dîmes et les offrandes

Introduction
Nous voulons aujourd'hui vous éviter une erreur qui peut vous coûte cher: confondre la dîme avec les offrandes.

I. **Offrandes**
1. Un don fait à Dieu
2. Il le reçoit de tous ceux-là qui le font avec un cœur bien disposé. Vous comprenez maintenant pourquoi Il avait rejeté l'offrande de Caïn. Ge. 4:2-5
3. Christ réclame d'abord la réconciliation avec le prochain avant de présenter une offrande à Dieu. Mt. 5:23
4. Elle doit être sans défaut. Ex. 12:5
5. Elle doit être volontaire. 1 Ch. 29:14
6. Elle doit être substantielle. 2 S. 24:24

7. La quantité varie avec les moyens, la générosité et les dispositions du cœur du donateur. 2Co. 9:6-7. Salomon donnait 22,000 bœufs et la veuve un centime. Les deux avaient le même prix aux yeux de Dieu.1 Roi. 8:63-64.Lu. 21:2.

II. Raisons de l'offrande
1. Pour calmer la colère de Dieu. 2 S. 24:24-25
2. Pour prêcher l'exemple. 1 Ch. 29:5
3. Pour manifester son amour envers Dieu. 1Ch. 29:2-3
4. Pour recevoir son approbation. Ps. 51:19
5. Pour recevoir ses bénédictions. 1 R. 3:3-5

III. La dime
1. Si l'offrande est un don, la dîme est une dette. Ce n'est pas une question d'amitié ou de sentiment. Vous devez payer et la valeur est fixée.
2. Dieu est notre associé. Il donne tout: Terre, homme, intelligence. Il attend un dividende, un profit.
3. Pour tout retard vous devez payer des intérêts moratoires" de 20/100. (20%) Le. 27:30

III. La dîme et les offrandes
On les verse dans un seul lieu: dans le temple appelé ici « La Maison Du Trésor ». Jamais dans notre groupe, dans notre association, ou au pasteur. Ce sont de fausses adresses.

Conclusion

Ne croyez pas faire l'aumône à Dieu. Nul ne peut l'enrichir. Respectez-vous comme enfants, et alors vous jouirez de sa fidélité de Père.

Questions

1. Que signifie le mot offrande? Un don

2. Qu'est-ce que la dîme? C'est une dette d'une valeur de   10/100 (10%) de nos revenus à Dieu

3. Où doit-on la verser? A l'Eglise

4. Comment verser les offrandes?
   Avec un cœur bien disposé

5. Où doit-on les verser? Dans l'Eglise

6. Pourquoi donnons-nous des offrandes?
   a. Pour manifester notre reconnaissance envers Dieu
   b. Pour attirer sur nous ses bénédictions
   c. Pour apaiser sa colère.
   d. Pour prêcher l'exemple

Leçon 4
La dîme et les substituts

Versets de base: Es. Chap. 58; Mal. Chap. 3; Lu. 18:9-14

Versets à lire en classe: Mal. 3:7-12

Versets à mémoriser: Non, la main de l'Éternel n'est pas trop courte pour sauver, ni son oreille trop dure pour entendre. Mais ce sont vos crimes qui mettent une séparation entre vous et votre Dieu; Ce sont vos péchés qui vous cachent sa face et l'empêchent de vous écouter. **Es. 59:1-2**

Méthodes: Discours, comparaisons, questions

But: Montrer que nul ne doit se soustraire à cette obligation.

Introduction

L'homme aime tant l'argent, que quand il décide enfin de donner à Dieu, il se casse la tête pour lui offrir autre chose à sa place. Voyons ce qu'il offre.

I. **Le jeûne à la place de la dîme**. Ps. 42:1-4

Dans le jeûne, vous allez à Dieu pour vous humilier, pour rechercher des bénédictions. En donnant la dîme, vous apportez à Dieu une partie des bénédictions reçues. Chercher et apporter sont différents. Jeûner c'est pour vous. La dîme c'est pour Lui.

II. **Les services rendus à la place de la dîme**

1. Servir Dieu est normal et naturel pour le chrétien, insinua Paul. Ep. 2:10
2. Dieu nous donne 24 heures au jour. C'est normal de le servir 2 h.40m par jour et de l'en

remercier ensuite. Lu. 17:10. Ainsi on peut visiter les malades, voiturer un chrétien, présenter une conférence et devoir quand même payer la dîme. Ces activités ne la remplacent pas

3. Exercer vos talents comme chanteur, pasteur, cuisinier moniteur, docteur, tous ces services rendus à l'Eglise, ne vous dégagent pas du devoir de payer la dîme.

4. Le Pharisien, qui se croyait champion dans le versement de la dîme ne rendit aucun service à Dieu pour vouloir revendiquer la place de surhomme. Lu. 18:9-14. Donner la dîme est un. Aimer son prochain est autre chose. L'histoire a bien prouvé que c'étaient les pharisiens, ces religieux de la première classe et non les publicains qui faisaient crucifier Jésus.

III. Conseils à donner aux chiches, aux avares

1. Ne promettez pas à Dieu des millions que vous aurez. Commencez par Lui donner 1 cent à partir des 10 cents que vous avez maintenant.

2. N'accumulez pas vos dîmes à la maison dans le but de les verser chaque année. Les risques sont trop grands.

3. Songez que la générosité de Dieu doit forcer la vôtre.

4. Dieu peut vous traiter d'insensé et tout vous ravir en un jour. Lu. 12:20

Conclusion

Ne laissez pas votre égocentrisme vous dominer. Obéissez à Dieu. Les profits sont à vous et la gloire à Lui.

Questions

1. Qu'est ce qui peut remplacer la dîme? Rien

2. Comparez le jeûne à la dîme.
   Dans le jeûne, nous cherchons des bénédictions; dans la dîme nous montrons notre fidélité envers Dieu dans le versement de notre redevance.

3. Que faire du temps?
   Il faut donner à Dieu la dîme du temps dans les services à rendre à Dieu et aux prochains.

4. Nos œuvres remplacent-elles la dîme?
   Non. Dieu les avait préparées d'avance afin que nous les pratiquions.

5. Est-ce que donner la dîme nous autorise à humilier les autres? Non. C'est un signe d'orgueil.

6. Que conseiller aux gens chiches?
   De remettre à Dieu ce qu'ils lui doivent pour ne pas attirer sur eux des malédictions.

Leçon 5
La dîme et la moisson

Versets de base: De. 14; Jn. 2:13-25; Ex. 23:16
Versets à lire en classe: Jn. 2:13-16
Versets à mémoriser: Il dit aux vendeurs de pigeons: Otez cela d'ici, ne faites pas de la maison de mon Père une maison de trafic. **Jn. 2:16**
Méthodes: Discours, comparaisons, questions, flannelographe
But: Montrer comment Jésus approuve la moisson.

Introduction
Allô, mon vieux! Pourquoi contestez-vous la moisson? Ouvrez la Bible avec nous dans De. 14:22-29 et Jn. 2:13-16

I. **La moisson dans l'Ancien Testament**. Ex. 23:16; Det. 14:22
   C'était une fête religieuse des juifs célébrée à la fin de l'année. C'était la dîme des produits du sol et du bétail apportée dans le temple. Dans cette fête, le peuple mangeait en présence de l'Eternel. Il devait en respecter le salaire des Lévites pour rémunérer leur travail à plein temps dans le temple. De. 14:27

II. **Modification avec le temps.**
   1. Pour le Juif. De. 14:22-25
      Le prophète Moïse avait déjà prévu la dispersion du peuple dans des pays étrangers à leur culture. Il leur proposa donc de vendre les fruits de leur ferme (bête ou semences) et de racheter à Jérusalem les mêmes produits

pour le même montant en devise nationale. Il s'est trouvé que les changeurs de monnaie, les vendeurs de bétail et de volailles s'installèrent dans le temple et rendirent ainsi l'adoration impossible. Jésus les chassait à coup de fouets pour leur inconvenance, mais Il n'abolissait pas pour autant la moisson.

2. **Pour le chrétien.**

Nous versons notre dîme en nature (produit du sol, du bétail, de notre profession ou de notre commerce) ou en espèces (fruits civils ou salaire) dans notre Eglise. Le besoin d'échanger les devises n'est plus nécessaire. Les Eglises ont souvent un projet à l'occasion de cette fête pour motiver les gens à contribuer. Ainsi faire bombance et ripaille à la fête moisson n'est pas indiqué, mais une large réception en l'honneur des invités est toujours bienvenue, évidemment dans un lieu hors du sanctuaire. Le pasteur en discutera, bien sûr, avec son comité de fête.

III. **De nos jours**

1. C'est une fête de reconnaissance à Dieu pour Lui témoigner ses bienfaits. On loue Dieu avec les chants et les offrandes. La dîme est parfois confondue avec la moisson. Certains chrétiens considèrent la dîme versée ce jour-là comme une offrande spéciale.
2. Par endroit, les enfants présentés, les âmes converties, les vies livrées au Seigneur sont comptées comme moisson et non comme dîme. Les Macédoniens se sont donnés

d'abord au Seigneur avant de verser leurs offrandes. 2 Co. 8:5

Conclusion
Donnez et il vous sera donné!

Questions

1. D'où vient la moisson et expliquez: C'était une fête religieuse juive pour célébrer la reconnaissance à l'Eternel.

2. Que blâmait Jésus dans la moisson? Il blâmait les irrégularités

3. Comment les chrétiens la fêtent-ils en général?
   Ils versent leur moisson en nature et en espèce.

4. Comment la fêtons-nous de nos jours?
   On loue Dieu avec des chants et des offrandes.

Leçon 6
La dîme et les taxes dues à l'Etat

Versets de base: Pr. 3:1-10; Joë. 1:1-5; Ag. 1:3-11; Lev. 25:35; Ps. 37:25; Mal.3: 10; Lu. 20:19-26; Ac. 20:35

Versets à lire en classe: Lu. 20:19-26

Versets à mémoriser: Alors il leur dit: Rendez donc à César ce qui est à César, et à Dieu ce qui est à Dieu. **Lu. 20:25**

Méthodes: Histoire, comparaisons, questions

But: Encourager le respect des obligations civiques et religieuses

Introduction

D'où vient la dîme? Je ne suis pas adventiste. Je vous réponds par une question: D'où viennent les taxes? Je ne suis pas Américain!

I. **La taxe ou le tribut à César**

   Citoyen ou non, il vous faut la payer, sinon l'Etat va vous envoyer une contrainte (pénalité, intérêt.) Il lui faut cet argent de vos revenus pour le consacrer à l'infrastructure du pays. (Les routes, les bibliothèques, les parcs, l'électrification des rues et des routes, les écoles publiques, les autobus scolaires, les hôpitaux, etc...) Votre contribution aidera à soutenir les frais d'administration du pays.

II. **Les dîmes et leurs profits**

   Dieu les réclame de tous vos revenus. Pr. 3:10
   1. Vous Lui donnez le minimum, Il vous rend le maximum. Prov.3 : 10

2. Même si vous êtes en chômage, vous devez à Dieu. Faisons quelques considérations bien pertinentes:
   a. Vous payez vos remèdes et combien payez-vous pour la santé?
   b. Vous achetez un lit et combien vous coûte le sommeil?
   c. Vous achetez vos aliments, mais pas l'appétit, bien sûr.
   d. Vous achetez du savon, combien payez-vous pour la beauté?
   e. Vous achetez des instruments, mais pas la joie, bien sûr.
   f. Vous achetez un temple et combien vous coûte le ciel?
   Tout vous vient à titre gratuit d'un Dieu généreux.

III. Les châtiments aux délinquants
1. Vous êtes mendiants et non justes.
   Le. 25:35; Ps. 37:25
2. Vous perdez le bénéfice de la joie de donner.
   Ac. 20:35
3. Vous connaîtrez la perte au lieu de profit.
   Ag. 1:9-10

IV. **Donner la dîme : un acte de foi.** Mal. 3:10
1. Dieu dit: Essayez-le et vous en verrez les résultats. (Ici, le moniteur demandera aux élèves de citer certaines bénédictions qu'on peut recevoir. Nous vous renvoyons au deuxième paragraphe de cette leçon.)
2. Donnez et il vous sera donné. Lu. 6:38

Conclusion

A partir d'aujourd'hui, déposez les armes de vos arguments et payez la dîme. La perte ou le profit est à vous.

Questions

1. Pourquoi payons-nous les taxes à l'état?
   Pour notre bien-être personnel.

2. Qu'arrive-t-il si nous les négligeons?
   L'Etat va nous contraindre

3. Pourquoi payons-nous la dîme?
   Dieu l'exige de nos revenus.

4. Citez au moins 5 choses reçues de Dieu gratuitement.
   La santé, le sommeil, l'appétit, l'intelligence, la vie éternelle

5. Qu'est-ce que Dieu réserve aux délinquants?
   La défaite, la perte.

6. Quelle est sa valeur spirituelle?
   Donner la dîme est un acte de foi

Leçon 7
La dîme et notre état spirituel

Versets de base: De.28 : 1-68; Mal. 3 : 1-18; Lu. 18:9-14; Ro.12 : 1-21
Versets à lire en classe: Mal. 3:7-11
Versets à mémoriser: Apportez à la maison du trésor toutes les dîmes, afin qu'il y ait de la nourriture dans ma maison; Mettez-moi de la sorte à l'épreuve, dit l'Éternel des armées. Et vous verrez si je n'ouvre pas pour vous les écluses des cieux, si je ne répands pas sur vous la bénédiction en abondance. **Mal.3:10**
Méthodes: Histoire, comparaisons, questions
But: Présenter la dîme comme un signe de fidélité envers Dieu

Introduction
La dîme, la part de Dieu comme notre associé, n'a jamais rendu Dieu redevable à personne; et nul ne peut l'évoquer comme un compte d'épargne pour en faire retrait à volonté. C'était la prétention du pharisien de Lu. 18. Considérons ses prétentions:

I. **Son état spirituel**. Lu. 18:11-12
   1. Il vantait sa supériorité en matière spirituelle, et en même temps, il méprisait son prochain C'était la cause de la chute de Lucifer. Ez. 28:15 ; Lu. 18:11
   2. Les pharisiens et non les publicains, étaient ces grands religieux qui firent mourir Jésus. Je le répète. Jn.11 :53, Jn. 12 :10-11

3. Le pharisien oubliait que donner à Dieu était un privilège et non un brevet de supériorité. "Tout vient de toi" et nous et nos biens, disait David. 1Ch. 29:14

II. La disposition de Dieu à l'égard de la dîme
1. Ce qu'elle n'est pas
   a. Une avance sur un péché qu'on va commettre ou pour atténuer une sanction du comité de discipline.
   b. Un acte notarié attestant qu'on est un grand chrétien et à la vue duquel le pasteur doit fléchir. Cette attitude cache de l'iniquité que Dieu promet de punir par le feu de l'enfer au dernier jour. Mt. 7:21
   c. Elle n'est pas une aumône ni une faveur à Dieu. L'or et l'argent sont à Moi, dit l'Eternel. Ag. 2:8
2. Ce qu'elle est
   a. Un geste de générosité et de miséricorde de la part de Dieu. Parce qu'il veut encourager le contrat d'associé.
   b. Un geste d'encouragement pour maintenir son droit de membre dans l'association puisque l'homme aura toujours tendance à tricher quant le dividende à remettre est trop volumineux.
   c. Un stimulant pour notre foi quand Il dit, "Mettez-moi de la sorte à l'épreuve". En d'autres termes, donnez la dîme par la foi. "Et vous verrez" (dans le futur) un résultat positif. Mal. 3:10

Conclusion

Consultez votre cœur avant de donner. Et rappelez-vous qu'aucun débiteur ne mérite la reconnaissance de son créancier, encore moins du Dieu éternel.

Questions

1. Pourquoi Dieu refuse-t-il l'adoration du pharisien?
   Il se croyait supérieur à tous les hommes.

2. Qu'est-ce que donner pour Dieu?
   Un privilège de la part de l'homme

3. Dites ce que la dîme n'est pas pour Dieu.
   Elle n'est pas une avance ni un droit de membre ni un certificat attestant qu'on est un bon chrétien

4. Dites ce qu'elle est:
   Un acte de générosité et d'encouragement de Dieu à notre égard.

Leçon 8
La Dîme dans nos rapports socio-économiques

Versets de base: Le. 27:30-34; Mt. 15:1-9; Ep. 6:1-3
Versets à lire en classe: Le. 27:30-34
Versets à mémoriser: Si quelqu'un veut racheter quelque chose de sa dîme, il y ajoutera un cinquième. **Lev. 27:31**
Méthodes: Discours, comparaisons, questions
But: Montrer comment verser la dîme dans des cas spéciaux

Introduction
Verser la dîme suscite beaucoup de questions des chrétiens de tous les niveaux. Voulez-vous les écouter maintenant? Suivez.

I. **Je fais le commerce, comment verser la dîme?**
   1. Tout d'abord, soustrayez le prix de revient du prix de vente; alors vous avez le bénéfice.
   2. Divisez votre bénéfice par dix et vous avez la dîme. Cependant, si vous faites le commerce de détails, vous allez partir du même principe et évaluer votre bénéfice avant même la vente. C'est de cette évaluation que vous allez prévoir la dîme à remettre.

II. **J'assiste mes parents maintenant, Comment verser la   dîme?**

III. **Voici: Un cas d'urgence se présente devant moi.** Je n'ai que la dîme à ma disposition? Que faire?

IV. **J'ai des dettes immenses.** Si je verse ma dîme, comment ferai-je pour survivre?
   1. Aux questions II, III et IV, nous avons une seule réponse: Aucune de ces obligations ne vous délie de votre devoir de verser la dîme. Vous ne devez pas faire de la générosité avec le bien d'autrui, surtout avec la part qui revient à Dieu.
   2. L'honneur aux parents est obligatoire même s'ils sont riches ou indigents. De plus, ce devoir, cache une bénédiction: une vie longue, viable. Ep. 6:2-3
   3. Vous avez neuf portions qui vous restent après la dîme. Utilisez vos biens et non ceux de Dieu. Ici c'est un détournement, c'est un vol que Dieu punit.
   4. Vous ne finirez jamais avec les dettes si vous oubliez que le premier créancier privilégié c'est Dieu lui-même. Il peut vous envoyer des huissiers pour recouvrer sa créance: J'en connais quelques-uns tels que: voleur, maladie, accident, révocation, chômage, trouble de famille, perte, chagrin, insécurité, mauvais esprit, chute, divorce, mort cruelle, etc...
   Que faire pour survivre? Donner la dîme est un acte de foi. Dieu dit: « Mettez-moi de la sorte à l'épreuve »
   (Donnez-moi un défi et vous verrez.) Mal. 3:11

Conclusion

Cessez vos arguments. Vous devez. Et vous devez payer. Payez!

Questions

1. Comment le commerçant peut-il rendre la dîme?
   En tirant la dîme du bénéfice de la vente.

2. Si je mets Dieu avant mes parents, quel en est le profit?
   Les bénédictions de Dieu et une vie longue.

3. Que faire si j'utilise la dîme à d'autres fins?
   Il vous faudra la remettre en y ajoutant 20 sur cent.

4. Quel est le sort des délinquants?
   Tous les malheurs

Leçon 9
Questions diverses sur la dîme

Versets de base: Ge. 2:15; 14:20; Mt. 6:3-5; Lu. 18
Versets à lire en classe: Lu. 18:9-14
Versets à mémoriser: Car quiconque s'élève sera abaissé, et celui qui s'abaisse sera élevé. **Lu. 18:14b**
Méthodes: Comparaisons, questions
But: Porter les avares à ne pas perdre leurs bénédictions.

Introduction
Si vous voulez poser des questions sur la dîme en vue de votre édification, vous êtes servi. Mais si, au contraire, vous voulez les poser pour critiquer, l'Eternel, l'Auteur de cette institution va vous répondre. Allez-y

I. Pourquoi dois-je remettre la dîme puisque je ne suis ni Juif ni Adventiste?
1. L'institution de la dîme n'est pas une doctrine adventiste ni juive non plus. Adam n'était ni l'un ni l'autre et en tant que gérant des affaires de Dieu, il avait un compte à rendre. Ge. 2:15
2. Dieu avait récompensé la fidélité d'Abel et réprouvé l'infidélité de Caïn. Hé 11:4
3. Abraham donnait à Dieu la dîme de tout. Ge. 14:20
4. Dans sa frayeur, Jacob promit d'être fidèle à cet engagement si Dieu prend soin de lui et le protège contre la poursuite vindicative de son frère Esaü.
Ge. 28:20-22

Tous ont vécu avant la prescription de la loi de Moïse.

II. **N'est-ce pas le devoir du pasteur de citer mon nom sur la chaire quand je donne ma dîme?**
La tâche du pasteur est de vous instruire dans la Parole de Dieu et non de faire publicité pour vous.
Jésus d'ailleurs condamne le pharisaïsme. Lu. 18:9-14. Je vous aurais conseillé de la déposer sans bruit de trompette et Dieu qui voit dans le secret en appréciera. Mt. 6:3-5

III. **Si l'Eglise me sanctionne, croyez-vous que je vais donner ma dîme?**
Votre redevance à Dieu n'a rien à voir avec votre sanction. Ici, vous ne faites que montrer une attitude de rébellion et un état d'âme coupable. Lisez. Lu. 10:16
Peut-être que vous n'aimiez pas le gouvernement de votre Etat. Là encore, ce n'est pas une raison valable pour ne pas payer les taxes dues. A plus forte raison, vous devez payer la dîme à Dieu.

IV. **Si je donne ma dîme, ne doit-on pas m'en rendre compte?**
C'est le devoir de l'administration de donner un rapport des finances de l'Eglise. Votre dîme y est comprise.

V. **L'Eglise ne doit-elle pas prendre soin de moi quand je ne travaille pas,** puisque je savais donner ma dîme?

L'Eglise n'est pas une Caisse Populaire ou un compte bancaire pour en faire des tirages à volonté, ni l'Assurance Sociale régie par l'Etat. L'Eglise va vous aider non pas au nom de vos dîmes versées, mais au nom de l'amour en Jésus-Christ.

Conclusion

Donner la dîme est un acte foi. Examinez-vous pour savoir si vous avez la foi. Autrement, l'esprit de Caïn est en vous et vous pousse à garder ce que Dieu exige. Mais vous, dominez sur cet esprit. Ge. 4:7; 2 Co. 13:5

Leçon 10
La dîme et ses bénédictions

Versets de base: Ge. Chap.17; 1 Ch. Chap. 23, 28, 29; Mal. 3

Versets à lire en classe: Mal. 3:7-12

Versets à mémoriser: Pour vous je menacerai celui qui dévore, et il ne vous détruira pas les fruits de la terre, et la vigne ne sera pas stérile dans vos campagnes, dit l'Éternel des armées. **Mal. 3:11**

Méthodes: Histoire, comparaisons, questions

But: Encourager la fidélité des chrétiens envers Dieu.

Introduction

Payer la dîme est un devoir que Dieu encourage par des grandes bénédictions. Voulez-vous essayer? Voici en guise
d'exemples:

I **Abraham donna la dîme de tout.** Ge. 14:20.
Résultats:
1. Dieu lui donne la victoire sur ses ennemis. Ge. 14:20
2. Il était âgé de 100 ans et sa femme de 90 ans (40 ans environ après sa ménopause) quand Dieu lui donna un fils. Ge. 17:17; 21:5
3. Dieu le rendit riche. Ge. 13:2
4. Abraham était le premier Chaldéen appelé Hébreu, père des Juifs au nom de qui toutes les nations seraient bénies. Ge. 12:3; 14:13
5. Dieu s'appelle Lui-même « Le Dieu d'Abraham ». C'est Son ami à qui Il ne veut rien cacher. Ge. 18:17

6. Dieu appelle un coin du ciel après son nom.
Lu. 16:22

II. **David donna plus que la dîme.** 1 S. 17:36
Il risqua sa vie devant Goliath pour le nom de L'Eternel. Il donna à Dieu des choses de prix.
2 S. 24:24; 1 Ch. 29:1-5

Résultats:
1. L'extension de l'empire Davidique sur tout le territoire des ennemis d'Israël (Philistins, Edom, Moab, Syrie, jusqu'aux rives de l'Euphrate) suivant la promesse de Dieu à Abraham.
   Ge. 15:18-21; 2 S. 8:1-15
2. Des richesses incommensurables
3. Sa dépendance de Dieu et non des gardes de corps. Ps. 23:1
4. Un règne de splendeur pendant 40 ans.
   1Ch. 29:27-28
5. Une vie dédiée à louer Dieu. Voyez les Psaumes.
6. Dieu lui parlait et lui écrivit une fois.
   1 Ch. 28:19
7. Son fils Salomon lui succéda au trône.
   2 Ch. 23:1
   a. Généreux comme son père, il consacra à Dieu 22,000 bœufs, 120,000 brebis, le tout avec humilité.
   b. Il n'a connu que le succès, la gloire, la richesse dans son règne avec la sagesse, l'intelligence et une longue vie comme accessoires.

Conclusion

Si vous voulez avoir "une complète assurance " de Dieu pour la paix, la victoire, l'abondance et des miracles, imitez ces serviteurs de Dieu.

Questions

1. Comment Dieu traita-t-il Abraham pour avoir versé la dîme?
   Il lui donna son amitié, un héritier, la richesse et un nom qui demeure.

2. Dites une chose exceptionnelle dans la relation de David à Dieu: Il donna plus que la dîme; Il risqua sa vie pour Dieu.

3. Quels en furent les résultats? Dieu lui donna un empire et un successeur, des richesses et la victoire sur ses ennemis.

4. Que dire de Salomon? Dieu lui donna la richesse, la gloire, l'intelligence, un règne paisible, une longue vie.

Leçon 11
La dîme et les malédictions

Versets de base: De. 28; Joël Chap.1; Ag 1; Mal. 3:7-18
Versets à lire en classe: De 28:15-25
Versets à mémoriser: Vous comptiez sur beaucoup, et voici, vous avez eu peu; Vous l'avez rentré chez vous, mais j'ai soufflé dessus.   **Ag.1:9a**
Méthodes: Comparaisons, questions
But: Mettre les chrétiens en garde contre toute fraude dans le versement de la dîme.

Introduction

L'infidélité dans la dîme est la cause majeure des malédictions envoyées au peuple d'Israël. Voyons-les.
I. Châtiments à cause de l'infidélité dans le versement de la dîme et dans l'observation de la loi.
1. Insuccès partout. De. 28:16-19; Ag. 1:6-7; Joël 1:4-7'
2. Epidémie. De. 28 : 21, 22; 27
3. La sécheresse. De. 28 : 23-24; 38-42; Ag 1:10-11
4. La défaite. De.28 : 25-26
5. Les maladies incurables. Ex.: SIDA si on nous permet de citer ce fléau du siècle. De. 28 : 59, 61
6. L'esprit d'égarement pour n'élire que de mauvais leaders. De. 28 : 28
7. L'occupation par des étrangers. De. 28 : 29, 33, 43, 49-53
8. Humiliation en pays étranger. De. 28 : 36
9. Une honte internationale. De. 28 : 37

10. Une quantité négligeable parmi les autres peuples. De. 28 : 68
11. Leurs enfants ne seront pas à eux. Ils parleront la langue des pays conquérants au mépris de la leur. De. 28 :41
12. La dispersion à travers le monde. De. 28 :64
13. L'adoration des faux dieux (stars, dollars, modes, sports, science-fiction, les bijoux, les idoles)

II. **Preuves de ces châtiments**
   1. Occupation d'Israël par les Assyriens pendant 70 ans à partir de l'année 722 avant Jésus-Christ.
   2. Occupation de Juda (tribu de Juda et de Benjamin) par les Babyloniens pendant 70 ans à partir de 586 B.C.
   3. Ils parlaient les langues des pays où ils étaient dispersés au mépris de la leur. Actes. 2:7-11
   4. A la fin de la deuxième guerre mondiale 1939-1945, Adolphe Hitler ordonna la crémation de six millions juifs
   5. Juda était retourné avec Zorobabel de la captivité sous Cyrus, mais Israël reste encore dispersé à travers le monde. Et c'est seulement à partir de 14 Mai 1948, date de la proclamation de son indépendance par le Premier-Ministre David Ben Gourion, qu'Israël est reconnu comme nation, qu'il commence à retourner chez lui. A noter que c'est un des derniers signes de la fin des temps et du retour de Jésus Christ. Esd. 1:3; Es. 66:8

Conclusion

A bon entendeur, salut!

Questions

1. Citez au moins cinq châtiments qui avaient menacé Israël.

2. Insuccès, épidémie, défaite, maladie incurable, humiliation en terre étrangère.

3. Citez au moins trois de ces châtiments accomplis sur eux.

4. Occupation par Babylone, par l'Assyrie, persécution en Allemagne par Adolphe Hitler.

5. Quand fut proclamée l'indépendance d'Israël et où?

6. Le 14 Mai 1948 sur la place David Ben Gourion.

7. Qui brûla 6 millions de Juifs? Adolphe Hitler

8. Qui sont encore dispersés? Les 10 tribus d'Israël

Leçon 12
La dîme et les bénédictions spéciales de Dieu

Versets de base: De. 28:1-15; Mal. 3
Versets à lire en classe: De. 28:1-8
Versets à mémoriser: Si tu obéis à la voix de l'Éternel, ton Dieu, en observant et en mettant en pratique tous ses commandements que je te prescris aujourd'hui, l'Éternel, ton Dieu, te donnera la supériorité sur toutes les nations de la terre. **De. 28:1**
Méthodes: Comparaisons, questions
But: Présenter la dîme comme une institution éternelle

Introduction
Si vous dites que Dieu ne bénit pas ceux qui payent la dîme, prouvez-le. Sinon, donnez-moi la liberté de venir avec des constatations.

I. **Les Juifs dominent l'économie des pays d'accueil.** Ils dominent le marché du travail.
   1. En effet, les plus grands centres d'achat, les plus grandes lignes aériennes, les plus grandes usines et industries des États-Unis appartiennent aux Juifs. C'est la bénédiction abrahamique qui continue.
   2. Petit pays, grande nation, Israël ne connaît pas la pauvreté. A la « Guerre de Six Jours » dans l'année 1967, il battit la coalition des nations arabes, changeant ainsi la face du Moyen-Orient.

II. **Les adventistes payent la dîme**
   1. Ils se supportent eux-mêmes.
   2. Ils payent dignement leurs pasteurs et font des considérations larges pour leur femme et leurs enfants.
   3. Ils ne connaissent pas de prolifération d'Eglises et de pasteurs improvisés au détriment des principes de leur dénomination.
   4. Ils croient dans des œuvres sociales viables, rentables
   5. Ils accentuent l'éducation.

III. **Des chrétiens baptistes étrangers qui payent la Dîme**
   1. Colgate allait jusqu'a 60 pour 100 et Coleman à 70 pour 100. Letourneau, l'auteur du livret «Dieu dirige mes affaires», donnait jusqu'à 100 pour 100.
   2. Tous ont vécu dans l'opulence et la paix jusqu'à leur mort.

IV. **Des chrétiens haïtiens qui donnaient la dîme**
   1. Emmanuel Georges, un négociant chrétien du Cap-Haïtien, donnait la dîme avec fidélité. Il mourut à 102 ans en 1994, heureux et rassasié de jours.
   2. Elias Ernest, l'homme de Gros-Morne arrêta la machine qui le broyait dans une usine de New Jersey dans l'année 1970 avec ce seul cri : Allons, Seigneur. J'ai payé ma dîme! Il survécut 18 ans heureux dans sa famille après 24 interventions chirurgicales.

Conclusion

Abandonnez la voie de Caïn, cessez de critiquer l'Eglise et les pasteurs, puis payez la dîme.

Questions

1. Que savez-vous des Juifs qui donnent la dîme?
   Il domine le marché mondial.

2. Que savez-vous des adventistes qui le payent?
   Ils ont leur administration et leur économie équilibrée.

3. Citez des chrétiens étrangers qui l'ont pratiquée.
   Colgate, Letourneau, Coleman

4. Citez des chrétiens haïtiens qui l'ont pratiquée.
   Emmanuel Georges, Elias Ernest

Récapitulation des versets à mémoriser

| Leçons | Titres | Versets |

1. La Dîme, un contrat avec Dieu
   Ge.14:20
   Béni soit le Dieu Très Haut, qui a livré tes ennemis entre tes mains! Et Abram lui donna la dîme de tout.

2. La dîme dans la législation mosaïque
   Le.27:30
   Toute dîme de la terre, soit des récoltes de la terre, soit du fruit des arbres, appartient à l'Éternel; c'est une chose consacrée à l'Éternel.

3. La dîme et les offrandes
   1S.16:7b
   L'Éternel ne considère pas ce que l'homme considère; l'homme regarde à ce qui frappe les yeux, mais l'Éternel regarde au cœur.

4. La dîme et les substituts
   Es.59:1-2
   Non, la main de l'Éternel n'est pas trop courte pour sauver, ni son oreille trop dure pour entendre. Mais ce sont vos crimes qui mettent une séparation entre vous et votre Dieu; Ce sont vos péchés qui vous cachent sa face et l'empêchent de vous écouter.

5. La dîme et la moisson   Jn.2:16
   Il dit aux vendeurs de pigeons: Otez cela d'ici, ne faites pas de la maison de mon Père une maison de trafic.

6. La dîme et les taxes dues à l'Etat Lu.20:25
   Alors il leur dit: Rendez donc à César ce qui est à César, et à Dieu ce qui est à Dieu.

7. La dîme et notre état spirituel   Mal. 3:10
   Apportez à la maison du trésor toutes les dîmes, afin qu'il y ait de la nourriture dans ma maison; Mettez-moi de la sorte à l'épreuve, dit l'Éternel des armées. Et vous verrez si je n'ouvre pas pour vous les écluses des cieux, si je ne répands pas sur vous la bénédiction en abondance.

8. La dîme dans nos rapports socio-économiques.
   Le. 27:31
   Si quelqu'un veut racheter quelque chose de sa dîme, il y ajoutera un cinquième.

9. Questions diverses sur la dîme.
   Lu.18:14b
   Car quiconque s'élève sera abaissé, et celui qui s'abaisse sera élevé.

10. La dîme et ses bénédictions
    Pour vous je menacerai celui qui dévore, et il ne vous détruira pas les fruits de la terre, et la vigne ne sera pas stérile dans vos campagnes, dit l'Éternel des armées.

11. La dîme et les malédictions
    Ag.1:9a
    Vous comptiez sur beaucoup, et voici, vous avez eu peu; Vous l'avez rentré chez vous, mais j'ai soufflé dessus.

12. La dîme et les bénédictions spéciales de Dieu.
    De.28:1
    Si tu obéis à la voix de l'Éternel, ton Dieu, en observant et en mettant en pratique tous ses commandements que je te prescris aujourd'hui, l'Éternel, ton Dieu, te donnera la supériorité sur toutes les nations de la terre.

Série 4

Les Armes du Chrétien

Avant-propos

Depuis le jour où nous avons pris rang dans l'armée de Jésus-Christ, nous avons déclaré une guerre ouverte à Satan. La lutte avec ce géant, ce rusé, ne sera jamais facile. Il ne va pas d'ailleurs nous laisser une chance. Il ne comprend pas le mot "grâce" Voilà pourquoi Paul nous enjoint de nous armer jusqu'aux dents et nous invite pour cela à entrer dans l'arsenal même de Dieu aux fins de choisir notre armure. Allons –y les gars !

Leçon 1
Les Armes de Satan

Versets de base: Ge. 3:1-13; 2 Co.11: 13-15; 1 Pi. 5:8
Versets à lire en classe: 1 Pi. 5:6-9
   Versets à mémoriser: Soyez sobres, veillez. Votre adversaire, le diable, rôde comme un lion rugissant, cherchant qui il dévorera. **1 Pi. 5:8**
Méthodes: Histoire, comparaisons, questions
But: Evaluer la puissance militaire de l'adversaire.

Introduction
Comment nous préparer à lutter contre Satan si nous ignorons son plan de bataille? Heureusement la Bible nous renseigne sur ses armes et sa stratégie de combat.

I. **La séduction.** Ge. Chap. 3
   1. Il nous fait prendre le mal pour le bien. v. 5
   2. Il nous fait prendre le faux pour le vrai. v. 4
   3. Il nous convainc de la beauté d'une chose vilaine. v. 5
   4. Les faux prophètes politiques nous gavent de promesses, les vedettes du sport et de la télé nous passionnent au point de détruire en nous le goût de la prière et le zèle pour servir Dieu. Ensuite, nous avons notre orgueil et notre raisonnement toujours prêts à justifier notre mauvaise attitude. 2 Co. 11:14
   5. Il nous suggère des excuses au lieu d'avouer notre tort. Adam et Eve n'avaient jamais dit: «Mon Dieu, j'ai tort» Ge.3 : 10-13

II. **La déception**
   1. Satan nous conduit au péché en cachette pour nous avilir ensuite en public. (Moniteur, demandez des exemples)
   2. Il nous donne les moyens de nous plaire, de réussir sans effort pour nous conduire enfin dans une impasse. (Exemples)
   3. Il détruit notre conviction chrétienne avec le doute et les fausses doctrines et nous jette dans la déception.
   4. Il nous fait croire à son absence alors qu'il est derrière la scène pour nous dicter un certain comportement. Le temps pour nous de découvrir sa présence, il est déjà maitre du terrain et les dégâts qu'il nous cause sont souvent irréparables. C'est comme le virus du SIDA! Il attend le moment propice pour nous abattre. 1 Pi. 5:8
   5. Le découragement est son arme de choix. Ne. 4:4

III. **La peur**
Quand on a peur de lui, on est à moitié vaincu. La peur engendre la dépression. Elle nous conduit à la lâcheté, à des décisions folles et regrettables par le mensonge, la ruse, l'hypocrisie, l'agressivité, le suicide... On perd la lucidité et l'amitié de Dieu. Ge. 3:10

Conclusion
Résister au diable avec une foi ferme! Notre champion c'est Jésus!

Questions

1. Citez 3 armes de Satan.
   La séduction, la déception, la peur

2. Citez 4 moyens de séduction du malin.
   a. Nous faire prendre le mal pour le bien,
   b. Le faux pour le vrai,
   c. Le laid pour le beau.
   d. Nous suggérer des excuses au lieu d'avouer notre tort.

3. Citez 4 formes de déception.
   a. Il nous conduit à faire le mal en cachette pour nous avilir en public.
   b. Il nous offre les moyens de réussir avec des faux pour nous conduire après dans une impasse.
   c. Il détruit notre foi chrétienne et nous jette dans le doute
   d. Il nous culbute dans le découragement

4. Quelles sont les conséquences de la peur?
   La lâcheté, la dépression, l'agressivité, le suicide

5. Où trouvons-nous les renseignements sur la puissance de l'adversaire? Dans la Bible

Leçon 2
Trois lignes d'attaque du malin

Versets de base: 1 Jn. 2:15-17; 5:16-19; Ro.7 : 1-25
Versets à lire en classe: 1 Jn. 2:15-17
    Versets à mémoriser: N'aimez point le monde, ni les choses qui sont dans le monde. Si quelqu'un aime le monde, l'amour du Père n'est point en lui; **1 Jn. 2:15**
Méthodes: Discours, comparaisons, questions
But: Exhiber l'artillerie lourde de Satan

Introduction
Comme il est intelligent! Satan a piégé 3 domaines où il est sûr de terrasser l'homme. Les voici à vos yeux.

I. **Le Monde**. 2 Co. 10:5; Ep. 2:3-4; 1 Jn. 2:15; 1 Co. 3:19
  1. Ce n'est pas notre planète souillée par le péché et que Dieu purifiera un jour. C'est plutôt le monde des puissances externes, le monde des valeurs, des influences et des tentations, monde créé par une société sans Dieu et contre lequel l'apôtre Paul nous met en garde. Ro. 12:3
  2. Satan se cache derrière les modes, dans les danses, dans les revues, dans les discours politiques, dans la culture d'un peuple pour agiter les sans-dieu. Paul les attaque et Jean nous dit de ne pas aimer le monde. Sinon, le diable va nous séduire avec la sagesse du monde, pure folie devant Dieu. (Faites lire les versets!)

II. La chair

1. Ce n'est pas notre nature physique que Dieu a créée en de bonne condition de fonctionnement, mais qu'il avait dû purifier après la chute de l'homme.
2. C'est plutôt la manifestation du malin en nous, d'abord:
   a. Dans nos actions: Avec le sexe, l'argent, le pouvoir sans Dieu. Satan domine nos membres. Ro. 7:23
   b. Puis dans nos attitudes: Convoitise, cupidité, égocentrisme, nos mauvais désirs. Satan domine nos pensées. Cette bataille est tellement rude que Paul déclare: «Quand je veux faire le bien, je fais plutôt le mal.» Ro. 7:19

III. Le diable

1. Là encore, ce n'est pas le dessin animé (cartoon) montrant un petit bonhomme habillé de rouge, chaussé de sabots, armé d'une fourche et portant des cornes.
2. Satan est un ange puissant et méchant en rébellion contre Dieu. C'est le génie du mal. Il agit dans l'air, dans les nations. Il utilise le monde, la chair et agit dans l'ombre pour nous empêcher d'obéir à Dieu.
3. Ep. 6:12

Conclusion

Puisque sur ce terrain le diable est maitre, trouvons dès maintenant un terrain où il ne l'est pas. Celui qui demeure sous l'abri du Très-Haut repose à l'ombre du Tout-Puissant.

Questions

1. Citez 3 domaines où Satan règne.
   Le monde, la chair, l'air

2. Comparez Jn. 3:16 et 1Jn. 2:15.
   Dieu aime les hommes mais il hait ce qui nous influence dans le monde

3. Que veut dire la chair ici?
   Le domaine où Satan exerce sa puissance

4. Qui est le diable?
   Le génie du mal, notre adversaire

Leçon 3
Le nom de Jésus, une forteresse

Versets de base: Pr. 18:10; Ps. 118; Mc. 16:17-18
Versets à lire en classe: Ph. 2:1-11
Versets à mémoriser: C'est pourquoi aussi Dieu l'a souverainement élevé, et lui a donné le nom qui est au-dessus de tout nom, afin qu'au nom de Jésus tout genou fléchisse dans les cieux, sur la terre et sous la terre.
 Ph. 2:9-10
Méthodes: Comparaisons, questions
But: Présenter le Nom de Jésus comme l'arme absolue du chrétien.

Introduction
Le Nom de Jésus est lié à sa personne. Proprement utilisé, Il devient une force positive exceptionnelle.

I. **Pour le salut physique**
   1. Il nous garantit la vraie paix comme la source de notre jeunesse et de notre force. Es. 40:31; Jn. 14:1
   2. Il redresse les paralysés. Lu.5:24-25
   3. Il neutralise les effets des poisons dans les breuvages mortels qu'on pourrait nous servir. Mc. 16:18

II. **Pour la puissance intellectuelle**
   1. Au nom de Jésus, les apôtres parlèrent de nouvelles langues. Un Pierre, homme du peuple sans instruction, réduisit au silence les

avocats du barreau juif dans leur contestation contre le Nom de Jésus. Ac. 4:13-16
2. Ce nom fait de nous des psychologues pour soutenir les cœurs abattus et émerger des âmes des profondeurs de la dépression. Es. 50: 4; Mt. 11:28

III. Pour la puissance spirituelle
1. Pour vaincre les ennemis. Ps. 118:10
2. Pour chasser les démons. Mc. 16:17
3. Pour courber toutes les forces dans le ciel (l'ordre des anges), sur la terre (les hommes), sous la terre (les hommes aux confins du globe et les anges déchus)
Ph. 2:11

IV. Pour maintenir un système de défense
1. Salomon l'appelle "une tour forte" pour la protection du juste. Pr. 18:10. Un abri excellent. Ps. 91:1
2. Le nom de Jésus est une arme si redoutable que Paul déclare: "Quiconque le prononce doit s'éloigner de l'iniquité", autant dire qu'on ne doit pas le prononcer en vain. Ex. 20:3; 1 Co. 12:3; 2 Tim. 2:19.
Les fils de Scéva, enfants de la promesse ont été avilis par Satan parce qu'ils n'étaient pas qualifiés pour utiliser ce nom, reconnu comme la vraie signature du Seigneur. Ac. 19:13-16

Conclusion

Ce nom est une arme absolue. Connaissez Jésus et vous pourrez connaitre la valeur de ce nom, le seul que craint le diable.

Questions

1. Que peut faire le nom de Jésus?
   Chasser les démons, guérir les malades, donner la paix.

2. Que fait ce nom pour mon corps?
   Il me protège

3. Que fait ce nom pour mon intelligence?
   Il m'instruit

4. Qui doit fléchir devant ce nom?
   Les hommes, les anges, tous.

5. Comment Salomon l'appelle-t-il? Une tour forte

6. Qu'arriva-t-il aux fils de Scéva qui jouaient avec ce nom? Le diable les avilit.

Leçon 4
La Parole, l'épée à deux tranchants

Versets de base: Ex. 20:18-23; Esd. 9:1-5; Je. 23:18-29; Ep. 6:10-18; Hé. 4:11-13
Versets à lire en classe: Je. 23:18-29

Versets à mémoriser: Car la parole de Dieu est vivante et efficace, plus tranchante qu'une épée quelconque à deux tranchants, pénétrante jusqu'à partager âme et esprit, jointures et moelles; elle juge les sentiments et les pensées du cœur. **Hé. 4:12**

Méthodes: Discours, comparaisons, questions
But: Montrer l'autorité de Dieu par l'arme de la Parole

Introduction
"Jésus est la Parole", dit Jean. La Bible est la Parole. Jésus est donc l'original au ciel, et la Bible, le duplicata sur la terre entre nos mains! Qu'est-elle au fond?

I. **La manifestation de la présence de Dieu**
   1. Sa voix était si grave au Mont Sinaï que le peuple d'Israël effrayé, votait Moïse comme leur parlementaire auprès de l'Eternel. Ex. 20:19
   2. Cette Parole est si puissante qu'elle brise les grands arbres, et précipite l'accouchement des biches. Ps. 29:5, 9
   3. Certains hommes tremblent devant cette parole. Esd. 9:4

II. Une arme tranchante
1. Elle fend et fond les cœurs durs. C'est une épée à deux tranchants. Hé. 4:12
2. La longueur de cette épée, sa force, sa puissance est telle que dans le combat elle ne retourne pas sans effet. Elle perce moelle et jointure. Es. 55:11; Hé. 12:29

III. Une arme de justice de L'Eternel
1. Un glaive enflammé pour détruire les ennemis. Jer. 23:29
2. Un feu dévorant pour détruire les impénitents. Hé. 12:29

IV. Une arme de victoire
1. Cette parole dans la bouche des 70 disciples fait tomber Satan du ciel comme un éclair, dit Jésus. Lu. 10:17-18
2. C'est la suprême défense du chrétien pour résister au diable et le chasser. Ja. 4:7

V. Comment la tenir?
1. Bien haut, avec la vigilance de la sentinelle, comme une lampe à nos pieds. Ps. 119:105
2. Bien ferme avec la conviction du soldat, comme une épée de défense ou d'attaque dans la main droite. Hé. 4:12

Conclusion

Si vous tenez un livre de magie, Satan se tient derrière vous. Si au contraire, vous lisez la Parole, le Saint Esprit se tient derrière vous et en vous. Choisissez votre partenaire!

Questions

1. Qui est Jésus? La Parole faite chair

2. Qu'est-ce que la Bible? Dieu en Parole

3. Qui est l'original? Où est-Il?

4. L'original c'est Jésus. Il est au ciel, à la droite du Père.

5. Donnez 3 définitions de la Parole.

6. Une arme tranchante, une arme de victoire, une arme de justice

7. Quelle est son utilité? Une lumière pour nous éclairer, une épée pour nous défendre

8. Qui se tient derrière nous quand nous lisons la Parole? Le Saint Esprit

Leçon 5
Le salut, un casque de protection

Versets de base: Ps. 34; 46; 91; Lu. 9:23-26; 10:1-20; Ro. 8:1-17; 2 Co. 5:17; Ep. 2:1-8; Col. 2:14-15; 1 Jn. 5:16-19

Versets à lire en classe: Ep. 2:1-8

> **Versets à mémoriser**: Prenez aussi le casque du salut, et l'épée de l'Esprit, qui est la parole de Dieu. **Ep. 6:17**

Méthodes: Discours, comparaisons, questions
But: Montrer la protection du chrétien par la parole

Introduction
Un soldat sans casque est un mort debout. Quelle théorie! Mais vous me forcez à le dire si votre âme, la partie principale de l'être humain, n'est pas protégée.

I. **La condition de l'homme sans Dieu**
   1. Eloigné de Dieu. Ennemi de Dieu. Ep. 2:12
   2. Esclave de Satan. Ep. 2:2

   Raisons:
   Le péché donne droit à Satan sur nous. Nous sommes ses cibles. Quand nous péchons, il crie victoire sur Dieu.

II. **La condition du pécheur régénéré**. 2 Co. 5:17; Col. 2:14-15
   1. Il est délivré du péché par le sang de Jésus-Christ. Ap.1 :6
   2. La vie d'autrefois est passée. Il est justifié ; car sur la croix, Jésus a livré nos péchés en spectacle.

3. Il nous a délivrés de la mort pour nous donner sa vie.

III. **La position du pécheur repentant.**
Ep. 2:8; Lu. 9:23
1. Il se tient derrière la croix que Dieu lui donne. Quand Satan rode autour de lui, il ne peut le voir. C'est pourquoi Jean dit: "Nous, nous sommes de Dieu, mais le monde entier est sous la puissance du malin. 1 Jn. 5:19
2. La tête qui pense, les yeux pour voir l'œuvre du Seigneur, la bouche pour prêcher la parole, les oreilles pour entendre sa voix, sont tous protégés par le casque du salut. Satan ne peut plus maitriser nos sens comme il le fait à l'inconverti. Ep. 2:2-3

IV. **Privilège du combattant**
1. Il marche sur le lion et sur l'aspic (méchants, médisants)
2. Les loups-garous de nuit, les balles meurtrières, le SIDA et toutes les maladies malignes n'ont sur nous aucun pouvoir. Ps. 91:5-7; 1 Jn. 1:19
3. C'est à nous de voir le sort des méchants. Ps. 91:8
4. Le malheur nous atteindra souvent, mais la délivrance est assurée avant l'épreuve. Ps. 34:20
5. Quand le combat est trop dur pour nous, Dieu intervient à temps pour nous donner la victoire.
6. Ps. 46:11; Lu. 10:19

Conclusion

Dieu nous donne ce casque une seule fois. Portons-le avec la fierté d'un bon soldat de Jésus-Christ.

Questions

1. Quelle est la condition du pécheur devant Dieu? IL est perdu

2. Pourquoi? A cause du péché

3. Qui le délivre du péché? Jésus

4. Comment? Par la vertu de son sang

5. Quelle est sa position maintenant? Derrière la croix

6. Quelle est sa garantie? Le casque du salut

7. Quels sont ses privilèges? Protection, promotion, victoire, vie éternelle

Leçon 6
La foi, notre bouclier de protection

Versets de base: Ge. 17:17-18; 21:1-3; Ex. 24:18; Job. 42:1-3; 1 S 17:48-50; Ps. 121:1; Mt. 6:10; Mc. 5:28; Mc. 9:22; Lu. 8:7; 15:16; Ep. 2:8; 1 Ti. 6:9-10; 1 Jn. 5:4

Versets à lire en classe: **Ep. 2:1-8**

>**Versets à mémoriser**: Car c'est par la grâce que vous êtes sauvés, par le moyen de la foi. Et cela ne vient pas de vous, c'est le don de Dieu. **Ep. 2:8**

Méthodes: Discours, comparaisons, questions
But: Présenter la foi comme l'arme défensive obligatoire que le chrétien doit porter.

Introduction
Josué arrêta le soleil! Les murs de Jéricho tombèrent devant lui! Les gueules des lions furent fermées devant Daniel! Tant d'autres miracles réalisés, mais avec quoi? Avec l'arme de la foi! Qu'est-ce que la foi?

I. Définitions
1. Croire ce que Dieu dit. Ge. 17:17-18
2. Obéir sans comprendre et sans réplique. Ge. 22:1-3
3. Mettre notre main dans sa main invisible. Ps. 121:1
4. Vivre dans le ciel tandis qu'on est sur la terre. Col. 3:3
5. Mettre Dieu au courant de toutes nos décisions. Mt. 6:10

6. Croire que Dieu n'est jamais en retard et qu'il ne commet jamais de faute. Job. 42:1-3
7. Avoir la victoire sur le monde, sur le péché. 1 Jn. 5:4
8. Posséder un chèque ayant provision à la banque de Dieu.

II. **Origine**
1. C'est un don de Dieu. Eph. 2:8
2. L'homme la reçoit en proportion de sa confiance en Dieu. On peut l'avoir en grande ou en petite quantité. On peut la perdre:
   a. La grande foi vient d'une vie de prière. Ex. 24:18
   b. La petite foi vient de notre raisonnement. Mc. 9:22
   c. Sa déchéance vient d'une vie de péché. 1Tim. 6:9-10
   d. Toute négligence dans la lecture de la Bible ou dans la vie de persévérance peut occasionner la perte de la foi. Hé. 10:25

III. **Caractéristiques**
1. Verbale et directe: "Soleil, arrête-toi..." Jos. 10:12
2. Persistante. La veuve devant le juge inique. Lu. 18:7
3. Démonstrative. La femme toucha la robe de Jésus pour arrêter une perte de sang chronique. Mc. 5:28
4. Agressive: David courut à la rencontre de Goliath et le terrassa. 1 S. 17:48-50
5. Humble: "je me lèverai, j'irai vers mon père et je me repentirai..." Lu. 15:18

6. Patient. Il est bon d'attendre en silence le secours de l'Eternel. La. 3:26

Conclusion

Dieu fera pour vous selon votre foi. On ne peut l'emprunter de personne ni la prêter à personne. Gardez-la jusqu'au dernier soupir. Car le juste doit vivre par la foi

Questions

1. Définissez la foi.
   Croire en Dieu sans le voir, lui obéir en dépit de tout.

2. Quelle est l'origine de la foi qui sauve? De Dieu

3. Comment peut-on avoir la foi?
   En menant une vie de prière et de méditation de la Parole de Dieu

4. Quelles sont ses caractéristiques? Directe, persistante, démonstrative, agressive, humble et patient.

5. Citez des hommes de foi que vous connaissez?
   Josué, Daniel

Leçon 7
Le jeûne, une arme à longue portée

Versets de base: 2 Ch. 7; 14:7-14; 20:3, 22; Est. 4:10-16; Mt. 17:14-21; Jn. 15:1-7; Ac. 10:2-5; 12:5-11
Versets à lire en classe: Mt. 17:14-21
    Versets à mémoriser: Mais cette sorte de démon ne sort que par la prière et par le jeûne. **Mt. 17:21**
Méthodes: Discours, comparaisons, questions
But: Montrer la puissance de la prière et du jeûne dans la vie du chrétien.

Introduction
Deep-sea fishing, grands poissons! Ah! Ah! Voilà un secret! Grandes prières, grande puissance, grandes bénédictions!

I. **Définition du jeûne**. Mt. 4:1-10
    Jeûner c'est s'abstenir de boire ou de manger. Jésus passa 40 jours sans manger, mais pas sans boire car Satan l'invita à manger et non à boire. C'est une supposition. Mt. 4:4

II. **Ses motifs**. 2 Ch. 7:14; Est. 4:16; Mt. 17:21
    1. Dieu le suggère à Israël pour des cas graves. 2 Chron. 7:14
    2. On le fait pour rechercher la délivrance. Exemple: Esther invita les juifs vivant en Perse à jeûner et à prier durant trois jours en vue de leur délivrance de Haman. Esther 4:16

3. Pour rechercher la puissance en vue de chasser certains démons. Mt. 17:21

III. **Conditions d'exaucement.** 2 Ch. 7:14; 20:22; Ja. 5:16 Il faut:
1. La louange à Dieu. 2 Ch. 20:22
2. La repentance sincère. 2 Ch. 7:14.
3. La confession. Ja. 5:16
4. La pitié pour les autres. Es. 58:6-7
5. La vie livrée à Dieu. Jn. 15:7

N.B.: Même l'inconverti peut jeûner et obtenir de Dieu de grands biens. Exemple: Dieu se révéla à Corneille, ce capitaine de l'armée romaine qui priait continuellement. Il n'avait pas tardé à se convertir grâce à une vision du Seigneur. Ac. 10:2-5

IV. **Ses résultats dans la vie des enfants d'Israël**
Dieu leur donne la victoire sur des ennemis plus forts qu'eux. Exemple: La défaite de Zérach devant Asa.
2 Ch. 14: 7-14

V. **Ses résultats dans la vie des apôtres.**
1. Conversion de milliers d'âmes à la prédication de Pierre. Ac. 2:41
2. Guérison d'un boiteux de naissance. Ac. 3:6-8
3. Il passa inaperçu par une porte verrouillée au milieu de 16 soldats romains qui gardaient la prison. Ac. 12:4-11

Conclusion

Si vous voulez pêcher de riches bénédictions dans l'océan de la Grâce de Dieu, le jeûne est l'hameçon et la ligne appropriés. Jeûnez et priez. La délivrance est là!

Questions

1. Qu'est-ce que le jeûne? S'abstenir de boire ou de manger pendant un temps raisonnable

2. Pourquoi doit-on jeûner? Pour rechercher la puissance, la délivrance

3. Quelles sont les conditions du jeûne? La repentance, la confession, la louange à Dieu, la vie livrée à Dieu

4. Donnez un exemple de succès dans le jeûne : La défaite de Zérach l'Ethiopien devant l'armée d'Israël.

5. Donnez-en un exemple dans le ministère des apôtres. La délivrance de Pierre de la prison.

Leçon 8
Le témoignage, une arme offensive

Versets de base: Mc. 5:19-20; 8:29-30; Ac. 3:12-16; Ap. 5:1; 12:11; 22:18-19
Versets à lire en classe: Ro. 10:9-13
    Versets à mémoriser: Si tu confesses de ta bouche le Seigneur Jésus, et si tu crois dans ton cœur que Dieu l'a ressuscité des morts, tu seras sauvé. **Ro. 10:9**
Méthodes: Discours, comparaisons, questions, histoire
But: Montrer comment rendre Jésus populaire par notre témoignage

Introduction
Vous serez mes témoins. Vous allez vous exposer partout pour soutenir la vérité. C'est là une arme mystérieuse! Allez!

I. **Qu'est-ce que le témoignage du chrétien**
   1. L'affirmation publique de sa foi en Dieu au prix de son nom, de sa personnalité, et même de sa vie. Ac. 20:24
   2. Une arme de combat pour vaincre Satan. Lu. 10:17

II. **Les règles du témoignage**
   1. Il doit être dit à l'heure voulue par Dieu. Exemples:
   2. Jésus demanda aux disciples de taire un témoignage. Mc. 8:29-30. Et pourtant il

ordonne au démoniaque guéri d'aller témoigner chez lui et chez les siens.
3. Mc. 5:19-20
4. Il doit être christocentrique. Si le témoin, qu'il soit un croyant, un ancien bocor, magicien ou franc-maçon convertis, ne glorifie pas le Seigneur comme le Christ, son témoignage n'est pas vrai. Ac. 3:12-16; 1 Jn. 4:2-3

III. **Nature du témoignage**
1. Un aveu de ses fautes. Jn. 4:39
2. La joie du chrétien au milieu des épreuves. Ac. 5:40-42
3. L'acceptation sans conteste du «déchoucage». Hé. 10:34
4. La réparation honnête de ses fautes (restitution d'une chose volée, le mariage avec la fille qu'on a violée ...) Lu. 19:8; Jn. 4:29

IV. **Les impacts du témoignage**. Jn. 4:39, 41
1. Jésus devient plus populaire. Satan perd du terrain. v. 41
2. La foi des chrétiens est affermie. Ac. 4:3-4
3. Des conversions peuvent être suscitées. Ac. 4:4
4. Nos témoignages font partie de l'histoire de l'Eglise à travers les siècles, histoire que Dieu écrit sans doute sur la couverture du Livre, (Ancien et Nouveau Testament réunis) scellé des 7 sceaux, car anathème serait celui qui ajouterait ou retrancherait un mot à l'intérieur du livre. Ap. 5:1; 22:18-19

Conclusion

Tous peuvent porter les armes du témoignage car Jésus a beaucoup fait pour vous tous. Témoignez donc!

Questions

1. Que veut dire témoigner? Confesser Jésus en public

2. Donnez les règles du témoignage.
   Il doit être sur Christ à l'heure et au lieu voulus par Lui.

3. Quelle est la nature du témoignage?
   a. Un aveu de ses fautes
   b. La réparation des dommages causés au prochain
   c. La joie maintenue au milieu des épreuves

4. Quel est l'impact du témoignage?
   a. Jésus devient plus populaire.
   b. La foi des chrétiens est affermie.
   c. Des âmes se donneront au Seigneur.

5. Quel est le livre scellé de sept sceaux? La Bible

6. Qu'est-ce qui est écrit à l'extérieur?
   Le témoignage des chrétiens, l'histoire de l'Eglise à travers les siècles.

Leçon 9
La louange, un missile balistique

Versets de base: Jo. 6:16-21; 2 S. 22:4; Ps. 34; 150; 1Ch. 23:5 ; Es. 6 : 3; Da. 4:37; Jn. 12:3; Hé. 13:15
Versets à lire en classe: Ps. 8
>**Versets à mémoriser**: Par la bouche des enfants et de ceux qui sont à la mamelle Tu as fondé ta gloire, pour confondre tes adversaires, Pour imposer silence à l'ennemi et au vindicatif. **Ps. 8:3**

Méthodes: Histoire, comparaisons, questions
But: Montrer l'influence de la louange dans la vie du chrétien.

Introduction
La louange sied aux hommes droits. Ps. 33:1. Pourquoi pas à tous les hommes puisque Dieu nous a tous créés pour sa gloire? Voyons:

I. **Sa place dans la vie du vrai Chrétien**
   1. La première place car Dieu vit au sein de la louange.
      Ps. 22:4
      a. Les anges louent sa sainteté. Es. 6:3
      b. Les hommes chantent sa grandeur. Ps. 8:1
   2. Toute la terre est pleine de sa gloire. Il appartient à l'homme de l'exprimer et de la traduire, que vous soyez chrétien ou non. Même un roi païen avait loué L'Eternel. Da. 4:37

II. **Ses qualités**. Hé. 13:15; Jn. 12:3; Ps. 34:1
1. Le fruit des lèvres qui confessent Son Nom. Hé. 13:15
2. L'expression matérielle de notre reconnaissance. Jn. 12:3
3. Un sacrifice puisqu'elle doit être continuelle. Ps. 34:2
4. On doit le louer non pas pour les épreuves mais pour la victoire qui va en découler. David n'avait même pas encore terrassé le Philistins qu'il cria «Béni soit l'Eternel» 2S.22:4

III. **Son impact dans la vie Chrétien**
1. Elle confond les ennemis. Ps. 8:3; 2 S. 22:4
2. Elle fléchit le cœur de Dieu. Mc. 10:47-52
3. Elle opère de grandes délivrances. 2 Ch. 20:20-25
4. Elle renverse les plus fortes murailles. Jos. 6:20

IV. **Méthodes et moyens de louange**
1. Un acte physique. On danse, on bat les mains. 1 Ti. 2:8
2. On porte un vêtement de louange (uniforme de la chorale.) Es. 61:3c
3. On établit une équipe de louange. David préposait 4000 chantres et des maestros à la louange à plein temps. 1 Ch. 23:3-5; 16:4, 5, 37
4. Exécution de morceaux à l'instrument. Ps. 150

Conclusion

Puisque nos cris de louange désarment l'ennemi et fléchissent même le cœur de Dieu, continuons à le louer. A nous la victoire, à Lui la gloire.

Questions

1. Quelle est la place de la louange dans la vie humaine? Une place primordiale, car Dieu vit dans la louange.

2. Qui devrait le louer? Tout le monde

3. Quelle doit être la nature de la louange?

4. Nos chants, notre témoignage public de reconnaissance, nos offrandes en nature et en espèce

5. Quel est son impact dans la vie chrétienne?
   a. Elle fléchit le cœur de Dieu.
   b. Elle confond nos ennemis.
   c. Elle nous permet d'avoir de grandes délivrances.

6. Citez les méthodes et les moyens de louanges que vous connaissez: La danse devant l'Eternel, Des uniformes de chorales pour la louange, des équipes de louange.

Leçon 10
La vie livrée, une arme défensive

Versets de base: Ex. 14; Ps. 37; 123; Jn. 4:29; Ga. 2:20
Versets à lire en classe: Ga. 2:20-21
> **Versets à mémoriser**: J'ai été crucifié avec Christ; et si je vis, ce n'est plus moi qui vis, c'est Christ qui vit en moi; si je vis maintenant dans la chair, je vis dans la foi au Fils de Dieu, qui m'a aimé et qui s'est livré lui-même pour moi. **Ga. 2:20**

Méthodes: Discours, comparaisons, questions
But: Montrer comment notre vie de dévotion peut nous garantir de grandes victoires.

Introduction
Une vie livrée à Dieu, qu'est-ce que c'est?

I. **C'est remettre tout entre ses mains**.
    Ex. 14:14; Ps. 37:5
    1. Il parle quand nous sommes prêts à écouter. 1 S. 3:10
    2. Il tire son épée quand nous déposons nos armes. Ex. 14:14
    3. Il pardonne quand nous avouons nos torts. Jan. 4:29
    4. Il sauve quand nous désespérons de nous-mêmes.
    5. Mt. 8:2 En somme, il faut accepter que Dieu ait le premier et le dernier mot.
    6.

II. **C'est servir Dieu dans la présence de Dieu**
  1. Avec l'attitude du serviteur à l'écoute de son maitre. On doit être vigilant. Ps. 123:2
  2. Nous devons être à notre place, prêts à jouer notre rôle. Ha. 2:1
  3. Nous devons être prêts à mettre de coté nos plans pour lui plaire. 2 Ti. 2:4
  4. Nous devons vivre de Dieu et en Dieu. Ga. 2:20 En somme, c'est Dieu en nous qui compte. Nous devons vivre en Dieu, de Dieu et pour Dieu.

III. **Respecter la stratégie de Dieu**
  1. A Lui d'envoyer, à nous d'obéir sans comprendre.
     Es. 6:8
  2. A Lui de donner, à nous de gérer avec fidélité. Mal. 3:8-12
  3. A Lui de blesser, à Lui de guérir. Hé. 12:6
  4. A nous de supporter, à nous de prier sans cesse.
     Hé. 12:12
  5. A Lui de promettre, à nous d'attendre en silence.
     Ps. 37:5
  6. Au monde de murmurer, à nous de louer Dieu et de crier « Tout va bien » 2 R. 4:23
     En somme, nous devons suivre le plan que Dieu a tracé pour nous.

IV. **Accepter les exigences de Dieu**. Ge. 32:28; Jg. 6:17
  1. Jacob devait se consacrer à Dieu avant de devenir Israël.

2. Gédéon demanda des signes mais enfin il s'est livré à Dieu. Dès lors, il devint le vainqueur de Madian.
   3. Jonas résista à Dieu. Mais après 72 heures dans le ventre d'un poisson-taxi, il a dû se rendre en vue de prêcher la repentance à Ninive. Et le pays était sauvé! Jon. 2:1

V. **Accepter les contrastes dans la vie livrée**
   1. Pour gagner, il faut accepter de perdre. Mc. 8:35
   2. Pour monter, il faut accepter de s'abaisser. Jac. 4:10
   3. Pour vivre, il faut accepter de mourir. Mc. 8:35
   4. En somme, les voies de Dieu ne sont pas les nôtres.

Conclusion

Cette leçon n'est pas à étudier mais à appliquer. Priez, jeunez, méditez la Parole. Dès lors, vous êtes déjà prêt à marcher avec lui et à vaincre.

Questions

1. Que veut dire une vie livrée?
   a. Remettre tout entre les mains de Dieu.
   b. Servir Dieu dans la présence de Dieu
   c. Respecter la stratégie de Dieu
   d. Accepter la volonté de Dieu.
   e. Accepter les contrastes dans la vie livrée

2. Que veut dire remettre tout entre ses mains?
   En somme, il faut accepter que Dieu ait le dernier mot.

3. Que veut dire servir Dieu devant Dieu?
   C'est Dieu en nous qui compte.

4. Comment respecter la stratégie de Dieu?
   On suit le plan que Dieu a tracé pour soi.

5. Citez deux exemples d'exigences de Dieu.
   a. Jacob devait se convertir avant de devenir Israël
   b. Jonas devait louer Dieu avant d'avoir le visa de sortie du monstre marin.

6. Qu'entendons-nous ici par contraste?
   Les voies de Dieu sont différentes de nos voies

Leçon 11
L'unité, une force de pression

Versets de base: Ps. 133; AC. 4:32
Versets à lire en classe: Ps. 133
   Versets à mémoriser: Car là où deux ou trois sont assemblés en mon nom, je suis au milieu d'eux. **Mt. 18:20**
Méthodes: Discours, comparaisons, questions
But: Présenter les saints unis comme dans un bataillon sacré

Introduction
Savez-vous que la rencontre d'au moins deux chrétiens au nom de Jésus-Christ constitue un rendez-vous avec Dieu? Il intervient et promet même d'y apporter des bénédictions et la vie éternelle? Ps. 133:3

I. La réunion des chrétiens, un rendez-vous avec Dieu
1. Dieu se manifeste. Ps.133:3; Mt. 18:20
2. Les croyants célèbrent sa grandeur.
3. Dieu manifesta sa puissance. Dès lors, ses ennemis se dispersent.

II. L'union des chrétiens un engin de force.
1. Quand ils mettent en commun leurs fardeaux, leurs labeurs pour augmenter leurs moyens d'action.
   Ac. 4:32
2. Pour les rendre solidaires face à Satan, l'ennemi commun. Son attaque contre l'un de nous, est

tacitement une invitation à tous au combat dans le jeûne et la prière. La victoire comme la défaite est commune à tous. Jac. 4:7

3. Nous sommes les sujets du même royaume, avec Christ le Roi des rois. Nous n'avons nulle raison d'avoir peur. La victoire est certaine avant la bataille. La bible dit: L'Eternel combattra pour vous et vous, gardez le sang-froid. Ex. 14:14

III. Cette union engendre des résultats exceptionnels.

1. Un petit groupe de chrétiens réellement unis a plus de pouvoir qu'une congrégation de 2000 chrétiens divisés. Car Jésus en fait la différence. Mt. 18:20
2. Dieu promet de sauver toute une nation si seulement son peuple prie, s'humilie et se repent. 2 Ch. 7:14
3. Les grands projets réussissent grâce à l'unité.
    a. Néhémie fit en 52 jours le travail de 52 mois, grâce à l'esprit de solidarité: du peuple. Ne. 6:15
    b. Josué réduisit Jéricho, la ville imprenable grâce aux cris unis du peuple d'Israël. No.4 : 13, 23 ; Jo. 6:17
    c. Mais il fléchit devant Aï quand le péché d'Acan donna à Satan un visa d'entrée parmi eux. Jos. 7:11

Conclusion

Puisque nous avons un seul Seigneur, et une même espérance restons unis ayant les regards fixés sur Jésus.

Questions

1. Complétez: "Quand deux ou trois sont ____ en Mon Nom.____ je suis là au milieu d'eux !
   «L'Eternel des armées est avec ____ le Dieu de Jacob est pour _____ une autre retraite
   Si _____ peuple sur qui est invoqué Mon Nom s'humilie, je l'exaucerai des cieux."

2. Donnez la vraie réponse:
   La force de l'Eglise est
   a. Dans la quantité__
   b. Dans l'argent__
   c. Dans la beauté du temple__
   d. Dans l'unité__

3. Qui cherche à détruire notre unité? Satan

4. D'où vint le succès de Néhémie? Dans l'unité d'Israël

5. Avec quelle arme Jéricho fut-elle réduite? L'unité d'Israël dans la louange à Dieu

Leçon 12
L'amour, l'arme par excellence

Versets de base: Lu. 19:1-10; Ac. 14:5-25; 16:23-34; 15:36; Ro. 12:17-21; 1Co.13 : 1-13
Versets à lire en classe: 1 Co. 13:1-7
    Versets à mémoriser: Elle excuse tout, elle croit tout, elle espère tout, elle supporte tout. **1 Co. 13:7**
Méthodes: Discours, comparaisons, questions
But: Présenter l'amour comme l'arme incomparable.

Introduction
Avant sa mort, le consul Napoléon Bonaparte confessa, "J'ai échoué en voulant conquérir le monde par l'amour des armes". Jésus-Christ a réussi à le faire avec l'arme de l'amour.

I. **Définition de l'amour**
  1. Eros: l'amour charnel, l'amour passion, égocentrique
  2. Phileo: l'amour dans le sens de l'amitié comme celui de David à Jonathan. Un amour plus grand que l'amour des femmes, l'amour érotique. 2 S. 1:26
  3. Agapè: l'amour idéal, l'amour pour Dieu, pour les parents et la patrie. Ici, le sentiment est plus élevé.

II. **Les manifestations du vrai amour**
  1. Dieu l'a donné sans mesure. Jn. 3:16
  2. Il s'est donné en sacrifice. Jn. 3:16

3. Il a pardonné sans condition. En mourant sur la croix, Il a donné tout son sang non comme un deposit (avaloir) mais comme la rançon pour le pardon de nos péchés. Lu. 23:34

III. Les effets du vrai amour
1. La restitution. Zachée a restitué l'argent volé. Lu.19:5, 8 Le bourreau de la prison de Philippe est devenu l'infirmier de ses victimes. Ac. 16:31-34
2. La confession. La Samaritaine a confessé ses péchés. Et comme résultat, elle a drainé toute une ville aux pieds de Jésus. Jn. 4:39
3. Le service désintéressé. Paul est retourné à Lystre pour y implanter des Eglises. Souvenez-vous que les gens de Lystre l'y avaient gravement lapidé. Ac. 14:21-23
Les guerres entre les peuples n'ont eu que l'intérêt personnel pour mobile. Seul le vrai amour peut désarmer l'adversaire.

Conclusion

Eglise de Jésus-Christ, aimez, supportez, pardonnez, patientez, c'est là le vrai amour.

Questions

1. Quelle était l'erreur de Napoléon?
   Vouloir conquérir le monde par l'amour des armes

2. Quelle était la sagesse de Christ?
   Conquérir le monde par l'arme de l'amour

3. Donnez les différentes définitions de l'amour.
   Eros, Phileo, Agapê

4. Quelles sont les manifestations du vrai amour ?
   Donner sans mesure, se donner en sacrifice, pardonner sans condition

5. Quels sont les effets du vrai amour?
   La conversion, la restitution, la confession, le service désintéressé.

Récapitulation des versets à mémoriser

| Leçons | Titres | Versets |

1. Les armes de Satan   1 Pi. 5:8
   Soyez sobres, veillez. Votre adversaire, le diable, rôde comme un lion rugissant, cherchant qui il dévorera.

2. Trois lignes d'attaque du malin   1 Jn. 2:15
   N'aimez point le monde, ni les choses qui sont dans le monde. Si quelqu'un aime le monde, l'amour du Père n'est point en lui;

3. Le nom de Jésus, une forteresse
   Ph.2: 9-10   C'est pourquoi aussi Dieu l'a souverainement élevé, et lui a donné le nom qui est au-dessus de tout nom, afin qu'au nom de Jésus tout genou fléchisse dans les cieux, sur la terre et sous la terre

4. La Parole, l'épée à deux tranchants Hé. 4:12
   Car la parole de Dieu est vivante et efficace, plus tranchante qu'une épée quelconque à deux tranchants, pénétrante jusqu'à partager âme et esprit, jointures et moelles; elle juge les sentiments et les pensées du cœur.

5. Le salut, casque de protection   Ep. 6:17
   Prenez aussi le casque du salut, et l'épée de l'Esprit, qui est la parole de Dieu.

6. La foi, un bouclier de protection   Ep. 2:8

Car c'est par la grâce que vous êtes sauvés, par le moyen de la foi. Et cela ne vient pas de vous, c'est le don de Dieu.

7. Le jeune, une arme à double portée Mt. 17:21
Mais cette sorte de démon ne sort que par la prière et par le jeûne.

8. Le témoignage, une arme offensive   Ro. 10:9
Si tu confesses de ta bouche le Seigneur Jésus, et si tu crois dans ton cœur que Dieu l'a ressuscité des morts, tu seras sauvé

9. La louange, un missile balistique   Ps. 8:3
Par la bouche des enfants et de ceux qui sont à la mamelle Tu as fondé ta gloire, pour confondre tes adversaires, Pour imposer silence à l'ennemi et au vindicatif

10. La vie livrée, une muraille de protection. Ga. 2:20
J'ai été crucifié avec Christ; et si je vis, ce n'est plus moi qui vis, c'est Christ qui vit en moi; si je vis maintenant dans la chair, je vis dans la foi au Fils de Dieu, qui m'a aimé et qui s'est livré lui-même pour moi.

11. L'unité, une force de pression   Mt. 18:20
Car là où deux ou trois sont assemblés en mon nom, je suis au milieu d'eux.

12. L'amour, une arme invincible1 Co. 13:7
Elle excuse tout, elle croit tout, elle espère tout, elle supporte tout.

Glossaire

Adjoindre v. Associer une personne, une chose à un autre

Airain n.m. Alliage à base de cuivre ; bronze ; dur, impitoyable

Anachronisme n.m Erreur qui consiste à ne pas situer un événement à sa date ou dans son époque.

Antédiluvien Adj. Qui a précédé le Déluge

Anthropomorphisme n.m Tendance à attribuer aux objets naturels, aux animaux et aux réactions mythiques des caractères propres à l'homme

Atténuer v. Diminuer la force, l'intensité, la brutalité de quelque chose

Bombance et ripaille n.f. Repas copieux, festin, banquet

Calomnie n.f. Fausse accusation qui blesse la réputation, l'honneur

Canevas n.m. Plan, schéma, esquisse

Cannibale adj. N. Qui dévore les animaux de sa propre espèce.

Carnassier n.m. Se dit d'un animal qui se nourrit exclusivement de proies animales vivantes.

Chiropracteur n.m. Personne qui soigne différentes affections par manipulations des vertèbres.

Colmater v. Boucher, fermer plus ou moins complètement un orifice, une fente.

Colonage partiaire Dr. Métayage, contrat d'exploitation agricole dans lequel un propriétaire donne à bail un domaine rural pour une durée déterminée contre partage des fruits et des pertes.

Compenser v. Neutraliser un inconvénient par un avantage.

Concupiscence n.f. Penchant à jouir des biens terrestres. Désirs des plaisirs sensuels.

Convoitise n.f. Désir immodéré de possession, avidité, cupidité.

Cupidité n.f. Concupiscence

Cybernétique n.f. Etude des processus de commande et de communication chez les êtres vivants, dans les machines et les systèmes sociologiques et économiques.

Déchoucage (créole) Extirper, arracher avec la racine, abolir.

Dividende n.m Part de bénéfice attribuée à chaque action d'une société

Eloge n.m. Discours ou écrit à la louange de quelqu'un, de quelque chose, louange.

Engin n.m. Appareil, instrument destinés à un usage particulier.

Enorgueillir v. Tirer orgueil de.

Expert n.m. Personne apte à juger de quelque chose; connaisseur

Favori adj. Qui est l'objet de la préférence de quelqu'un.

Fraude fiscale n.f. Acte de mauvaise foi accompli en contrevenant à la loi ou aux règlements et nuisant aux droits d'autrui.

Furie n.m. Accès de rage, de fureur.

Gaver v. Faire manger avec excès, bourrer. Fam. Encombrer l'esprit de

Gratte-ciel n.m. Immeuble de grande hauteur à très nombreux étages

Illuminer v. t. Eclairer d'une vive lumière.

Impasse n.f. Rue, ruelle sans issue. Fig. situation ne présentant pas d'issue favorable.

Infrastructure n.f. ensemble des travaux relatifs aux fondations d'un ouvrage (route, voie ferrée…)

Insinuer v. Faire entendre d'une manière détournée.

Intérêt moratoire n.m. Somme destinée à réparer le préjudice causé par un retard dans l'exécution d'une obligation.

Interplanétaire adj. Situé entre les planètes du système solaire

Interposer v. Placé entre deux personnes ou deux choses.

Intuition n.f. perception immédiate de la vérité sans l'aide du raisonnement.

Législateur n.m. Autorité qui a le pouvoir d'établir des lois.

Maculer v Couvrir de taches.

Mariage d'essai : Situation de deux personnes vivant en union libre comme une période de probation avant l'acte solennel.

Maxillo-facial n.m. Qui se rapporte aux maxillaires et au reste de la face.

Missile balistique n.m. Projectile faisant partie d'un système d'arme à charge militaire classique ou nucléaire, doté d'un système de propulsion automatique et guidé sur tout ou partie dès sa trajectoire par autoguidage ou téléguidage.

Mont Ararat Massif volcanique de la Turquie Orientale de 5,165 m de haut. Selon la Bible, l'Arche de Noé s'y serait arrêtée.

Parlementaire n.m. Personne qui, en temps de guerre, est chargée de parler avec l'ennemi.

Patriarcat n.m. Dignité, fonction de patriarche.

Pentateuque n.f. Les cinq premiers livres de l'Ancien Testament dont la rédaction est attribuée à Moïse

Prédateur adj. Qui vit de proies animales capturées vivantes

Prérogatives n.f Avantage particulier, privilège attaché à certaines fonctions, à certains titres.

Prestation n.f. Objet, travail, service fourni.

Prioritaire adj. Qui passe avant les autres en raison de son importance.

Probante adj. Qui emporte l'approbation, qui convainc.

Projection n.f. Action de lancer, de projeter dans l'espace

Relai n.m. Personne, chose qui sert d'intermédiaire, d'étape

Station orbitale n.f. Véhicule spatial non récupérable, satellisé autour de la terre, disposant d'équipement scientifique et technique pluridisciplinaire, capable d'abriter les astronautes pour un séjour de longue durée.

Stature n.f Taille d'une personne

Stratégie n.f Art de coordonner l'action de forces militaires, politique, économique impliquée dans la préparation de la défense d'une nation ou d'une coalition.

Taupe n.f Mammifère insectivore

Théophanie n.f. Apparition de Dieu sous une forme humaine

Tondeur n.m. Personne qui tond les animaux, les étoffes.

Tsunami n.m. raz-de-marée

Verrouiller v. Fermer avec un verrou

Vetero-testamentaire Qui appartient à l'Ancien Testament

Ziggourat Edifice religieux construit en Mésopotamie et dont le sommet se termine par une chapelle.

Table des matières

Série 1 Les Types De Jésus-Christ 1
Leçon 1 Adam, Type De Jésus-Christ 6
Leçon 2 Abel, Type De Jésus-Christ 9
Leçon 3 Isaac, un type de Jésus-Christ 12
Leçon 4 Joseph, un type de Jésus-Christ 15
Leçon 5 Joseph, un type de Jésus-Christ (Suite) 18
Leçon 6 Moïse, un type de Jésus-Christ 21
Leçon 7 Moïse, un type de Jésus-Christ (Suite) 24
Leçon 8 Josué, un type de Jésus-Christ 28
Leçon 9 Des Animaux, Types De Jésus-Christ 32
Leçon 10 Des objets, types de Jésus-Christ 35
Leçon 11 Des objets types de Jésus Christ (suite) 38
Leçon 12 Le sabbat, un type de Jésus-Christ 41
Récapitulation des versets à mémoriser 44
Série 2 Les Patriarches 47
Leçon 1 Noé et le Déluge 49
Leçon 2 Noé et ses descendants 52
Leçon 3 Noé et l'humanité après le déluge 56
Leçon 4 Abraham, ami de Dieu 59
Leçon 5 Abraham et Sara 62
Leçon 6 Abraham et Lot 65
Leçon 7 Abraham et sa Foi en Dieu 68
Leçon 8 Abraham et sa Conception du Mariage 71
Leçon 9 Isaac et Rébecca 74

Leçon 10 Esaü et Jacob 77
Leçon 11 Jacob et ses Fils 80
Leçon 12 Joseph chez Potiphar 83
Récapitulation des versets à mémoriser 86
Série 3 La dime, un contrat avec Dieu 89
Leçon 2 La dîme dans la législation mosaïque 94
Leçon 3 La dîme et les offrandes 97
Leçon 4 La dîme et les substituts 100
Leçon 5 La dîme et la moisson 103
Leçon 6 La dîme et les taxes dues à l'Etat 106
Leçon 7 La dîme et notre état spirituel 109
Leçon 8 La Dîme dans nos rapports socio-économiques 112
Leçon 9 Questions diverses sur la dîme 115
Leçon 10 La dîme et ses bénédictions 118
Leçon 11 La dîme et les malédictions 121
Leçon 12 La dîme et les bénédictions spéciales de Dieu 124
Récapitulation des versets à mémoriser 127
Série 4 Les Armes du Chrétien 130
Leçon 1 Les Armes de Satan 132
Leçon 2 Trois lignes d'attaque du malin 135
Leçon 3 Le nom de Jésus, une forteresse 138
Leçon 4 La Parole, l'épée à deux tranchants 141
Leçon 5 Le salut, casque de protection 144
Leçon 6 La foi, notre bouclier de protection 147
Leçon 7 Le jeûne, une arme à longue portée 150
Leçon 8 Le témoignage, une arme offensive 153
Leçon 9 La louange, un missile balistique 156

Leçon 10 La vie livrée, une arme défensive 159
Leçon 11 L'unité, une force de pression 163
Leçon 12 L'amour, l'arme par excellence 166
Récapitulation des versets à mémoriser 169
Glossaire 171

Rev. Renaut Pierre-Louis

Esquisse Biographique

Pasteur de l'Eglise Baptiste à Saint Raphael,	1969
Diplômé du Séminaire théologique Baptiste d'Haïti,	1970
Diplômé de l'Ecole de Commerce Julien Craan,	1972
Professeur de langues vivantes au Collège Pratique du Nord au Cap-Haitien,	1972
Pasteur de la Première Eglise Baptiste au Cap-Haitien,	1972
Pasteur de l'Eglise Baptiste Redford, Cité Sainte Philomène,	1976
Diplômé de l'Ecole de Droit du Cap-Haitien,	1979
Fondateur du Collège Redford et de l'Ecole Professionnelle ESVOTEC,	1980
Pasteur de l'Eglise Baptiste Emmaüs à Fort Lauderdale	1994
Pasteur de l'Eglise Baptiste Péniel à Fort Lauderdale	1996

Pasteur militant pendant quarante-six ans, avocat, poète, écrivain, dramaturge,
Ce serviteur du Seigneur vous revient aujourd'hui avec "**La Torche Perçante**", un ouvrage didactique de haute portée théologique qui a déjà révolutionné le système d'enseignement dans nos Écoles Du Dimanche, et dans la présentation du message de l'Evangile.

"**La Torche Perçante**" vous est aussi présentée en livret trimestriel sans nous écarter de notre promesse de vous enrichir avec douze volumes empreints de variété et de profondeur.

Pasteurs de recherche, prédicateurs de réveil, moniteurs de carrière, chrétiens éveillés, prenez "La Torche" et passez-la.
2 Tim. 2:2

www.ingramcontent.com/pod-product-compliance
Lightning Source LLC
Chambersburg PA
CBHW071622080526
44588CB00010B/1230